파트너인가, 라이벌인가?

중국을 선택하라

파트너인가, 라이벌인가?

중국을 선택하라

휴 화이트 | 이제훈 옮김

황소자리

이 책은 방일영 문화재단의 지원을 받아 저술·출판되었습니다.

이 책은 미국이 중국과의 미래 관계를 설정하는 문제에 관한 내용을 담고 있다. 향후 미·중 관계가 전략적 라이벌로 비화할 경우 벌어질 위험성에 대해 분석했다. 또 어떻게 하면 두 나라가 그러한 위험성을 사전에 피하고 안정적이며 조화로운 미래 관계를 구축할 수 있을지, 그 방법을 연구했다.

미·중 간 갈등은 모든 아시아 구성원에게 근심스러운 문제이며 한국의 경우 더욱 그렇다. 사실 남북 관계 및 통일과 같은 핵심 문제를 제외하고 한·미, 한·중 관계는 어쩌면 향후 한국의 국제환경을 결정할 가장 중요한 요소일 것이다.

미국과 중국 두 나라가 조화로운 관계를 구축할 수 있다면 아시아는 안정적이고 평화롭게 유지되며 경제발전도 계속될 것이다. 그렇게 된다면 한국의 미래 역시 매우 낙관적으로 전망할 수 있다. 하지만 두 나라 간 긴장이 고조되면 아시아 전체는 전략적인 위험성을 안게 되고 한국 역시 심각한 도전에 직면할 수밖에 없다.

특히 한국의 경우, 미국과 중국 사이의 평화와 조화가 다른 아시아 국가보다 더 중요한 상황이다. 역사적으로 한국과 미국은 매우 공고한 군사 · 전략적 협력을 맺고 있는 동맹국이다. 이 동맹은 한국의 미래 안보에 있어 절대적이다. 중국 역시 한국의 가까운 이웃이자 핵심 경제 협력국다. 한국과 중국은 많은 분야에서 협력을 강화하고 있다. 그러므로 한 · 미, 한 · 중 관계를 우호적인 상태로 유지하는 것은 한국의 미래에 있어 아주 중요한 요소가 된다. 미 · 중 양국이 서로 좋은 관계를 유지할 수 있을 때 한국 역시 양국과 우호관계를 유지하기 수월해진다.

그렇지만 불행하게도 이를 불가능하게 할 수 있는 현실적인 위험이 도사린다. 미국과 중국은 경제적으로 매우 깊숙하게 상호의존하며, 효율적으로 협력해야 할 많은 이유가 존재한다. 그러나 최근 몇 년간 두 나라는 점점 더 서로를 전략적인 라이벌로 여기게 됐다. 두 나라 간 경쟁은 근본적으로 아시아에서 자신의 역할에 대한 양국의 시각차에 따른 것이다. 미국은 자신의 지역적 리더십에 바탕을 둔 옛 관계를 유지하길 바란다. 반면 중국은 시진핑習近平 국가주석이 언급한 신형대국 관계를 구축하길 원한다.

두 열강이 서로의 시각차를 받아들이고 새로운 아시아 질서 안에서 각자의 역할에 대해 합의를 이뤄낼 방법을 찾아야 한다. 그러한 일은 양측이 서로의 이해관계와 열망을 수용하고 타협하려 할 때에만 가능하다. 중국은 미국이 아시아에서 강력한 리더십을 지속적으로 행사하기를 바란다는 점을 받아들여야 한다. 미국은 중국이 과거보다 더 큰 리더십을 갖기를 원한다는 사실을 인정해야 한다. 두 나라는 아시아의 리더십을 놓고 상대방을 동등한 파트너로 존중해야 한다. 두 나라 지도자에게 진정한 비전과 정치력이 없으면 이러한 종류의 타협을 이뤄내기가 힘들다. 타협을 이끌어내기 위해 아시아 지역 국가들은 지원과 격려, 암묵적 이해를 위한 활발한 외교력을 구사해야 한다.

바로 여기에 한국의 중요한 역할이 있다. 한국은 미·중 양국과 가장 긴밀한 관계를 맺고 있는 아시아 국가다. 존경심과 이해심을 바탕으로 두 나라에 제대로 의사를 전달할 주체 역시 한국밖에 없다. 이는 단순히 미·중 사이의 중재자 역할을 넘어 양국과 긴밀한 관계를 맺고 있으며 그들 간 협조적이고 안정적인 미래에 가장 큰 이해가 달린 나라가 한국이기 때문이다.

게다가 한국의 이해관계는 다른 아시아 국가의 이해관계와도 긴밀하게 연계돼 있다. 아시아 지역 모든 주민은 미국이 강력하고 지속적인 힘으로 안보와 안정을 지원해주길 바란다. 동시에 이들은 중국과도 긴밀한 관계를 지속하길 바라며 미·중 간 경쟁이라는 프레임에 자신들이 갇히지는 않기를 바란다. 그래서 아시아의 모든 국가는 미국과 중국이 모종의 합의를 이뤄내길 희망한다.

이러한 상황에서 한국을 비롯한 아시아 중진국들이 양국의 새로운 권력 분배를 반영한 지역질서가 평화롭게 정착하도록 합의점을 도출하고 의견 조율을 해내는 주도적인 역할을 수행해야 한다.

물론 이렇게 되면 우리가 알던 것과는 사뭇 다른 미국과 중국, 아시아 국가의 역할이 주어질지 모른다. 이것이 바로 아시아의 세기에 우리가 맞이할 도전이다. 모쪼록 이 책에서 제시한 분석과 생각이 도전을 헤쳐나가는 한국인들에게 도움이 되길 바란다.

2014년 가을, 호주 캔버라에서
휴 화이트

일찍부터 미국과 중국, 북한 등 동북아를 두루 돌며 동북아 전략균
형 변화에 많은 관심을 갖고 있던 이제훈 기자가 매우 의미 있는 번
역을 했다. 호주 국립대ANU 전략안보연구센터 휴 화이트 교수의 저
서를 번역한 것인데 이 저서는 스테플턴 로이 전 주중 미국대사, 밥
호크 전 호주 총리, 로버트 캐플런 스트랫 포 수석지정학 분석가 등
등 세계적 전문가들의 많은 찬사를 받았고 중국과 일본 등에서도 번
역되며 동아시아 전체에 큰 반향을 일으켰다. 지난해 11월 영국 〈파
이낸셜 타임스〉가 선정한 '올해의 책' 중 한 권이기도 하다.

화이트의 시각은 매우 독특하다. 미국과 중국 두 나라 간 전쟁 가
능성을 높게 보면서 그런 충돌을 막기 위해 미국이 중국의 리더십을
어느 정도 인정해야 한다는 주장을 담고 있다. 사실 지금은 산업혁명

이후 처음으로 세계의 부와 권력이 재편되고 있다고 할 정도로 중국은 급부상하는 반면 대규모 재정적자에 허덕이는 미국은 슈퍼파워, 세계 경찰국가의 부담을 내려놓으려고 한다. '다자적 집단 방위체제'라는 오바마의 새 독트린이 바로 그것이다. 동아시아에서는 중국에 치받치고 크림Krym에서는 러시아에 모욕당하면서도 사실상 속수무책인 가운데 '집단적 자위권'을 내세운 일본의 역할 확대에 큰 기대를 걸고 있는 상황이다. 이래저래 세계사의 흐름이 '미국의 쇠퇴와 중국의 도약'으로 특징지어지는 모양새이다.

그렇다고는 해도 총체적 국력, 특히 군사력이라는 차원에서 보면 적어도 아직은 중국이 감히 미국의 힘에 비할 바가 아니다. 그런데 미국더러 현재 진행중인 세력 경쟁에서 중국의 승리를 기정사실화하라는 뜻으로 비칠 수 있는 주장이니, 당연히 미국 주류사회의 생각과는 많이 다르고 반론도 만만치 않다. 우리 입장에서도 듣기 즐거운 이야기는 아니다. 동북아에서 중국의 패권적 위상이 우리에게 어떤 의미일지 여전히 의문스럽기 때문이다.

중국을 누구보다 잘 아는 제임스 릴리 전 주한 미국대사는 2007년 1월 미 의회에서 "중국 지도층이 북한의 절반 정도를 자기 땅으로 생각하며 동북공정東北工程과 백두산 주변의 대군은 그와 무관치 않다."라고 증언했는데, 실제로 1950년대의 중국 교과서에는 한반도가 되찾아야 할 실지失地의 하나였다. 그런 차원에서 천안함 사태 때 중국이 미 항모의 서해 진입을 한사코 막아나선 것은 매우 불쾌한 일이었다. 중국이 서해를 내해화內海化하려 든 셈이고, 이는 결과적으로 한반도 중국화의 디딤돌이 될 것이기 때문이다. 한반도의 중국화? 만약 그리 되면 우리의 미래는 어쩔 것인가?

그래도 지금은 오랫동안 확고한 조·중 동맹 위에 서 있던 중국이 새삼 서울로 접근하고 있고, 한국은 자유통일의 길이라도 열린 듯 크게 환호하는 상황이다. 그러나 중국의 본심을 가늠할 수 있는 우리 핵심 국익에 대한 태도를 살펴보자면 '북한 핵 폐기'에 대해서는 계속 빛바랜 6자회담이나 찾고, 자유통일에 대한 입장은 더욱 불명확하다. 그리고 많은 전문가들은 중국이 여전히 북한을 핵심 이익으로 보고 있으며 한국과는 '조공朝貢 외교의 복원'을 꿈꾼다고 말한다. 이 역시 부담스럽기는 마찬가지다.

더욱이 이렇듯 크게 변화하는 동북아 안보환경에다 코앞에 다가온 북한의 핵 위협, 그와 함께 확산되고 있는 북한 급변사태 가능성 등을 고려하면 머지않아 한반도에 휘몰아칠 거대한 안보 태풍이 눈에 보이는 듯하다.

이런 속에서 대한민국이 살아남고 자유통일 번영의 새로운 시대를 열어가려면 어떻게 대처해야 할 것인가? 오늘의 현실 상황과 그 큰 흐름을 정확하게 꿰뚫어보는 일이 무엇보다 중요하다. 그래야 지혜로운 전략적 대처가 가능할 것이니까. 그런 차원에서 몇몇 의문에도 불구하고 두 나라 관계의 미래에 대해 매우 냉정한 현실주의적 접근을 한 휴 화이트 교수의 주장을 살펴보는 것은 매우 큰 의미가 있다고 생각한다.

　이 중차대한 기회와 도전의 시대에 우리 이제훈 기자가 참으로 소중한 책을 번역한 것이다. 덕분에 시대의 흐름을 읽는 안목을 넓힐 수 있게 되었으니 한국의 안보를 고민하는 많은 이들에게는 더할 수 없이 다행한 일이다. 부디 많은 사람들이 진지하게 읽고 좀더 연구하기를 바란다.

2014년 가을,

김희상(전 청와대 국방보좌관, 예비역 육군 중장,

현 한국안보문제연구소 이사장)

목차

THE CHINA CHOICE

일러두기

- 독서 흐름을 고려해 널리 알려진 외국어 인명, 지명, 용어에 대한 원어 병기를 생략했다.
- 본문 내용 중 옮긴이 주석은 각주로, 저자 주석은 미주로 처리했다.
- 본문 속 사진은 저작권자로부터 사용 승인을 받은 후 한국어판 편집 과정에서 따로 넣었다. 저작권자의 허락 없이 무단 복제하거나 유포해서는 안 된다.

THE CHINA CHOICE

많은 사람들이 보기에 중국은 기존 미국 주도의 질서를 군말 없이 받아들이는 듯했다. 또 과거 야심찬 신흥 강대국들이 드러냈던 이념적 열정이나 영토적 야욕을 보이지 않았다 이런 자신만의 행보를 이어가면서 미국이 중국의 힘과 야망을 과소평가하는 것을 그들은 반겼다. 하지만 지난 몇 년 사이 중국의 도전은 명백해졌으며, 미국이 어떻게 대응해야 할지도 분명해졌다.

CHAPTER 1

힘든 선택

미국과 중국은 현재 세계에서 가장 부강한 나라다. 양국 경제는 밀접하게 연계돼 있고 일상적인 경제관계는 잘 돌아간다. 하지만 중국의 국력이 커지면서 두 나라의 장기적 관계에 의구심을 갖게 하는 라이벌의식이 생겨났다. 이것이 어떤 미래를 의미하는지 아직은 속단할 수 없다. 미국과 중국은 서로 평화롭게 공존하는 방법을 찾을 수 있을까, 아니면 전략적 경쟁자가 될까, 심지어 적이 될까? 아시아는 앞으로 수십 년간 평화와 안정을 누릴까, 아니면 분쟁으로 재앙을 맞을까?

해답은 분명하지 않다. 평화와 안정은 확실히 가능하다. 하지만 대결구도와 분쟁의 위험성 또한 엄연히 상존한다. 그 미래는 향후 몇 년간 미국과 중국이 무엇을 선택하고 결정하는가에 따라 달라질 것이다. 미국과 중국은 상대방의 야심과 욕망을 어디까지 수용할 것인지 결정해야만 한다. 둘 중 하나가 무리하게 자신의 욕망을 주장해 양국 관계를 대립구도로 몰고 갈 수 있다. 두 나라가 조금씩 뒤로 물러서면서 상호 양보를 이끌어낼 수도 있다. 그러니 파국을 막기 위한 책임을 양국이 분담하고 있는 셈이다.

이 책은 두 나라가 분담한 책임 중 미국이 짊어져야 할 부분에 대한 것이다. 미국은 매우 시급하게 선택을 해야 할 상황이다. 즉 두 나라는 이미 자연스럽게 대결구도로 향하고 있으며 서로를 전략적 경쟁자로 보고 있다. 세계에서 가장 부강한 두 국가는 언제나 경쟁적인 관계가 될 수밖에 없다. 문제는 그 경쟁이 여전히 양자 간 교역과 투자를 장려하고, 공통의 문제 해결을 위해 협조하며, 나아가 안정적인 국제질서 유지를 위해 서로 기여하도록 만들 수 있는지에 달렸다.

지위와 안보에 대한 우려가 다른 분야의 협력을 가로막을 정도로 악영향을 미치고 정치·전략·군사적 이득 추구로 인해 우선순위가 무시될 때 경쟁은 위험해질 것이다. 이것이 바로 미국과 중국이 첫 번째 단계에서 이미 겪었던 행로이기도 하다. 양국은 대부분 표면적인 언어는 조심스럽지만 각자 힘을 키우고 상대방을 의식해 다른 아시아 국가를 지원하는 군사계획을 세우고 있다. 또 그에 맞춰 남중국해 논쟁과 같은 선상에서 지역 문제를 바라본다. 이제 미·중은 점점 더 많은 문제를 대결구도라는 프레임으로 바라볼 것이다. 이런 관계가 계속될수록 시각을 바꿔 협력을 선택하는 건 어려워진다.

미국의 대중對中 선택은 지금까지 겪어온 어떤 것보다 더 까다롭고 중요한 난제이다. 중국과의 분쟁은 자칫 파멸을 부를 수도 있는 문제이므로 그 선택은 조심스러울 수밖에 없다. 세계에서 미국이 차지하는 역할과 미국이라는 나라 자체에 대한 근본적인 문제를 건드리고 있기 때문이다. 중국은 그동안 미국이 상대해온 여타 국가들과 차원이 다르다. 중국은 더 부강한 나라다. 1880년대 미국이 영국을 앞서갔듯이 몇 년 안에 중국은 미국 경제를 추월해 세계 최대 경제권이 될 것이다. 일부 전문가는 21세기 중반쯤에 중국의 국내총생산GDP이 미국의 2배가 될 수도 있다고 전망한다.[1]

중국의 부는 미국과 중국 간 관계를 변화시킨다. "궁극적으로 돈이 힘"이라는 옛말이 적용되기 때문이다. 미국 스스로가 '돈이 힘'이라는 말이 사실임을 세계경제에서 차지하는 경제적 우위를 통해 이미 보여준 바 있다. 이제는 중국의 급속한 경제적 부상이 전략적·정치적 패권의 새로운 변화를 이끌고 있다.

중국은 여전히 미국에 비해 많은 분야에서 뒤처져 있지만 장기적으로는 거의 모든 분야에서 미국을 따라잡는 형국이다. 중국은 심지어 심각하게 도전장을 내밀며 미국을 따라잡을 필요도 없다. 중국 경제는 이미 냉전시대 소련이 차지했던 것보다 더 가공할 만한 힘을 구축했다. 나아가 중국과 미국의 패권 경쟁이 한창인 아시아에서 중국은 막대한 이익의 불균형을 향유한다.

이런 상황 속에서 미국은 한 번도 겪어보지 못한 선택을 해야만 한다. 지난 40년간 미·중 관계와 아시아의 전략적 질서는 미국의 우월한 지위를 중국이 받아들이는 형태로 이뤄졌다. 처음에는 단순한 현실 인식이 반영됐다. 1972년 리처드 닉슨 대통령이 마오쩌둥毛澤東 주석과 만났을 무렵, 중국의 경제 규모는 미국의 20분의 1이 채 되지 않았다. 당시 중국은 자국의 이익을 위해 불평등한 관계를 수용할 수밖에 없다고 판단했다. 그렇게 해서 중국은 아시아에서 강대국의 지위를 포기했지만 이는 어디까지나 임시방편에 따른 계산일 따름이었다. 이제 중국은 강해졌고 셈법도 달라졌다. 중국은 받아들이기 싫은 결정을 거부할 권한이 생겼다고 믿으며, 기꺼이 그런 힘을 사용할 것이다.

이것은 결국 지위와 정체성의 문제였다. 중국인이 자신의 조국에 대해 느끼는 감정은 비록 공과功過가 있긴 하지만 미국인이 조국에 대해 느끼는 감정과 크게 다르지 않다. 중국인도 자신의 조국이 예외적으로 세계를 이끌어갈 운명을 타고났다고 믿는다. 그들은 중국을 열강列强으로 여긴다. 거의 2세기 동안 중국은 다른 강대국에게 자신의 지위를 빼앗겼다. 이제 다시 부강해졌으니 아시아의 리더로서 그 자리를 돌려달라고 요구하는 것은 중국인들에겐 당연하고 중요한 문제다. 중국은 불필요한 마찰을 피하고 대립의 위험성을 최소화하려 할 것이다. 하지만 중국은 강대국으로 대접해달라는 자신의 요구가 전쟁으로 귀결된다 할지라도 이를 포기하지 않을 게 뻔하다. 이 점이 미국에 시사하는 바는 단순하고 중대하다. 미국이 현상유지Status Quo를 하면서 미·중 관계에서 근본적인 변화를 회피한다면, 그것이 바로 중국을 전략적 라이벌로 만든다는 사실이다.

선택의 필요성은 너무 갑작스럽게 다가온 느낌이다. 중국은 선명하고 가파르게 경제성장을 거듭해왔다. 하지만 어느 부분에서 앞서 나갈지 명확하지 않았다. 불과 몇 년 전만 해도 아주 진지한 몇몇만 이 미국을 '새로운 로마'라고 말하곤 했다. 새로운 로마의 압도적인 힘이 이 세기를 전보다 더 강력한 미국의 세기로 만들 것이라고 말했다. 미국은 오랫동안 세계에서 가장 부강한 국가로 존재해왔다. 이런 지위는 필연적이고 당연해 보여서 한동안 변함없이 유지될 것만 같았다. 물론 미국은 매우 역동적이고 혁신적인 경제와 사회를 유지하고 있다. 따라서 정말로 미국을 쇠퇴하는 국가로 여기는 것은 잘못된 시각이다. 하지만 (많은 미국 정치지도자가 자주 그러하듯이) 세계 권력 판도에서 미국의 상대적인 지위가 변하지 않을 것이라고 간주하는 것도 그릇된 시각이다.[2] 다시 말해 권력이동은 중국의 부상에 따른 것일 뿐, 미국의 쇠퇴에 의한 것이 아니라는 얘기다. 그러므로, 미국은 할 수 있는 게 별로 없다.

많은 사람들이 보기에 중국은 기존 미국 주도의 세계·지역질서를 군말 없이 받아들이는 듯했다. 중국은 미국의 리더십에 도전하기 위해 신경 쓰기보다 경제성장과 사회안정에만 사로잡혀 있는 것처럼 보였다. 또 과거 야심찬 신흥 강대국들이 드러냈던 이념적 열정이나 영토적 야욕을 보이지 않았다. 이런 자신만의 행보를 이어가면서 미국이 중국의 힘과 야망을 과소평가하는 것을 그들은 반겼다. 하지만 지난 몇 년 사이 중국의 도전은 명백해졌으며, 미국이 어떻게 대응해야 할지도 분명해졌다.

기본적으로 미국은 세 가지 선택지를 갖고 있다. 첫 번째는 중국의 도전을 억제하고 아시아에서 현상유지가 이뤄지도록 하는 것이다. 두 번째는 아시아에서의 주도적인 역할에서 물러나 중국이 패권을 형성하도록 내버려두는 것이다. 마지막은 새로운 기반 속에서 미국이 아시아에 남아 중국이 더 큰 역할을 하도록 허용하되 자신만의 강력한 존재감을 유지하는 것이다. 대다수 미국인은 첫 번째가 유일한 정답이라고 생각한다. 아주 소수만이 진지하게 두 번째 선택지를 고려한다. 마지막은 아예 생각조차 않는다.

이 책은 특히 미국의 이익에 가장 부합하는 선택지가 바로 세 번째라는 사실을 설득하기 위해 노력할 것이다. 많은 사람은 세 번째 선택지가 실제로 존재하는지 의구심을 갖는다. 그들은 두 개의 대안만이 있을 뿐이라고 확신한다. 그들의 논점은 다음과 같다. 아시아에서 미국에 호의적인 리더십을 유지하지 못한다면 이 지역은 필연적으로 그리 친절하지 않을 중국의 리더십에 영향을 받게 될 것이다. 그게 사실이라면 미국은 아시아에서 자신의 리더십을 방어하거나 중국의 아시아 지배에 굴복하는 것 중 하나를 선택해야만 한다.

나는 양국 모두 향후 수십 년간은 1972년 이래 미국이 아시아에서 보여줬던 리더십만큼 강력한 힘을 행사하지는 못할 것이라고 예상한다. 양국의 힘은 상대방의 리더십을 인정하지 않을 만큼은 될 것이다. 그러므로 미국이 아시아에서 유일한 리더십을 유지할 수 있으리라는 희망은 중국이 아시아를 지배하게 되리라는 두려움만큼이나 환상에 불과하다.

두 나라 중 어느 한 쪽이라도 위에 군림하려 들 경우, 지속적이고 격렬한 전략적 라이벌 관계를 가속화시키는 것은 물론 막대한 경제적 비용을 수반한 현실의 전쟁 위기로 치달을 수 있다. 그 누구도 승리하지 못한 채 엄청나게 잃기만 할 뿐인 전쟁. 하지만 이런 불행은 의외로 쉽게 일어날 수 있다. 전략적 경쟁은 전쟁이 불가피하다는 판단에 재빠른 추동력을 제공할 것이다. 미·중 간 전쟁은 이미 분명하고도 명백한 위험이다. 대결구도가 증가하면 전쟁 가능성 역시 증가한다. 지금 미국은 중국에 대해 어떤 선택을 하느냐를 놓고 매우 중요한 기로에 서 있다. 미래 대안은 미국이나 중국의 패권이 아니다. 미국의 현실적 선택지는 아시아를 지배하느냐, 아니면 아시아에서 철수하느냐에 있는 게 아니다. 오히려 중국을 전략적 라이벌로 받아들일지 아니면 협력적 파트너로 삼을지에 있다.

세 번째 선택은 적잖은 위험성을 내포하고 있다. 나머지 대안에서 발생하는 더 많은 위험이 없었다면 논의에서 재빨리 배제될 만한 것이다. 게다가 이 선택은 양국이 서로 타협할 의사를 보일 때만 실현 가능하다. 어느 쪽도 그게 쉽지 않다는 사실을 알 것이다. 중국으로서는, 미국과 타협한다는 건 아시아를 이끌어가겠다는 오래된 희망을 포기하는 셈이다. 나아가 아시아에서 강력한 미국의 존재를 영원히 받아들이는 것을 의미한다. 미국의 경우도 마찬가지다. 중국과의 타협은 아시아에서 미국의 독보적인 지도력이 더 이상 통하지 않는다는 사실을 인정하는 셈이다. 또 다른 나라와는 한 번도 경험해보지 않은 방식으로 미국이 중국을 파트너로 삼아 함께 가야 한다는 걸 의미한다. 확실히 과거와는 전혀 다른 양상일 것이다. 하지만 이제 미국은 이런 종류의 선택을 고려해야만 한다.

최근 미·중 관계를 둘러싼 많은 저작물이 미국에서 출간됐다. 그러나 상대적으로 이런 조건 속에서 미국의 선택을 모색한 경우는 드물다. 대부분은 미국이 어떤 형식으로든 최고라는 생각을 유지하거나 그래야 한다는 당위를 내세우면서 대중對中 선택에 집중하는 결론을 내고 가정한다. 상당수는 중국이 그럭저럭 미국의 우월적 지위를 계속 받아들일 것으로 믿고 있다. 또 다른 이는 중국이 반대 방향으로 나아가 미국에 도전할 것으로 생각한다. 일부는 상대적인 권력 변화 조짐을 좀더 명쾌하게 인정하고 있다. 그렇지만 여전히 미국이 정확히 무엇을 모색해야 하는지 언급하지 않는다. 이런 이유로 미·중 간 예고된 충돌 가능성을 분석하는 책은 많지만 이를 막기 위해 미국이 무엇을 할 수 있는지 논의한 책은 드물다.³

그저 미국이 우월적 지위를 유지하기 위해 무엇이든 해야 하며 응당 그렇게 할 것이라 믿는 생각이 정책결정자나 정치권을 지배하고 있을 뿐이다. 주요 열강으로서 미국은 다른 국가와 상의는 했지만 동등한 자격으로 협상하지는 않았다. 미국은 스스로를 세계에서 유일한 초강대국으로 자부한다. 먼로독트린* 체제의 서반구에서 미국의 탁월한 역할은 우월적 지위의 전형적인 사례다. 최근 수십 년간 미국이 아시아에서 갖는 우월적 지위는 서태평양까지 먼로독트린이 확장된 것이라고 말할 수 있다. 바로 이 먼로독트린으로 인해 미국은 중국을 평등하게 대하지 않게 됐다.

아시아에서 미국의 목표가 자신의 우월적 지위를 유지하는 것이라는 생각이 널리 퍼지면서 중요한 결과를 낳았다. 최근 몇 년간 중국의 도전 범위가 분명하게 드러나면서 미국의 정책분석가와 지도자는 중국과의 대결구도를 받아들이는 것이 필연적이라고 판단했다. 이런 점은 버락 오바마 행정부의 첫 번째 임기 대외정책인 이른바 '아시아 중시정책Pivot to Asia'에서 엿볼 수 있었다. 이 정책은 미국이 테러와의 전쟁 및 중동에서 벗어나 아시아에 초점을 맞추겠다는 것으로, 중국의 도전을 억누르고 그동안 아시아에서 누려온 우월적 지위를 강화한다는 의미다.

이런 분위기는 2011년 11월, 오바마 대통령이 호주 캔버라 의회에서 행한 연설에서 명확히 드러났다. 당시 연설은 미국의 힘을 다시 보여주기 위해 9일 동안 아시아를 순방한 결과 및 향후 방침을 천명하는 내용이었다. 미국 대통령이 중국의 도전 범위를 명쾌하게 인정하고 그 대응 방향을 확실히 밝힌 것은 처음이었다. 그는 미국의 가치와 이해관계에 의해 설정된 아시아의 미래를 묘사한 뒤, 중국이 거

---

* 미국 5대 대통령인 제임스 먼로가 1823년 12월 의회에 제출한 연두교서에서 밝힌 외교 방침이다. 유럽에 대한 미국의 불간섭 원칙, 미국에 대한 유럽의 불간섭 원칙, 유럽 제국에 의한 식민지 건설 배격 원칙 등 3개 원칙을 분명히 했다.

둔 성과와 전망을 부정적으로 말했다. 오바마 대통령의 연설 결어는 이렇게 시작했다.

아시아태평양에서 우리는 모두를 위한 안보와 번영, 존엄이 있는 미래를 추구한다. 그것이 바로 우리가 지지하는 것이다. 그것이 바로 우리가 누구인지를 보여준다. 그것이 바로 우리가 동맹국과 우방국 그리고 미국의 모든 국력을 함께 쏟아부어 추구할 미래의 모습이다. 그러니 거기엔 추호의 의심도 있을 수 없다. 즉 21세기 아시아태평양에서 미국은 모든 것을 다 걸었다.[4]

오마바 대통령이 추진한 정책(오바마 독트린이라 부를 수도 있겠다)은 매우 명료했다. 미국의 모든 국력을 사용해 아시아의 기존 질서에 도전하는 중국의 시도를 억제하겠다는 의지다. 미국이 중국에 대한 자신의 선택을 알린 첫 번째 메시지는 바로 대결이었다.

정말 이것이 중국에 대한 미국의 선택이라면, 오바마의 연설은 아마도 미국 역사상 가장 중요한 연설 중 하나가 될 것이다. 하지만 연설이 끝난 뒤 오바마 행정부는 이 방침을 재고再考하는 듯한 모습을 보이기 시작했다. 폴 케네디는 서둘러 중국과 화해를 위해 마련한 논의의 골격을 제시했다. 2012년 3월 헨리 키신저 전 국무장관은 외교 전문지 〈포린 어페어스〉에 '미·중 관계의 미래: 갈등은 선택이지 필수가 아니다'[5]라는 제목의 기고문을 보냈다. 기고문에서 키신저는 전쟁 위험성을 포함해 증가하는 대립구도를 부정적으로 경고했다. 그에 반해 2011년 출간된 키신저의 저서 《중국에 관해On China》에서는 새로운 관계가 거의 고통 없이 진화할 것이며 미국이 힘든 선택을 할 필요조차 없을 것이라는 낙관적인 전망을 제시했다.[6] 그는 "핵보유 국가 간의 전쟁은 필연적으로 사상자가 발생하며 엄청난 변화를 초래한다."라고 경고했다. 그는 이런 상황을 막기 위해 양국은 새로운 지역질서를 만들기 위한 타협에 임해야 한다고 강조했다.

2012년 3월에는 힐러리 클린턴 국무장관이 닉슨과 키신저의 역사적 베이징 방문 40주년을 기념하기 위해 잘 알려지지 않았지만 매우 중요한 연설을 했다. 힐러리 전 장관의 어조는 몇 달 전 오바마 대통령의 것과는 사뭇 달랐다. 그녀는 양국이 미래 역할을 위해 협상할 것을 촉구했다. 힐러리는 그것이 "그동안 미국이 가졌던 것과는 전혀 다른 관계를 의미하게 될 것"이라고 말했다. 나아가 "새로운 관계는 양측 모두의 사고와 행동에 조정을 요구한다."라고 덧붙였다.

우리는 경쟁과 협력 가운데 받아들일 수 있는 균형적인 모델을 함께 만들고 있다. 이것은 미지의 영역이다. 하지만 많은 것이 이에 의존하고 있기 때문에 우리는 이 모델이 바르게 작동하도록 노력해야만 한다.

상호의존이란, 양국 중 어느 하나가 잘못할 경우 나머지도 성공할 수 없다는 것을 의미한다. 우리는 과거와는 완전히 다른 미래를 써나갈 필요가 있다. 의미상으로 정말로 어려운 일이다. 그렇지만 과거에도 우리는 수많

은 어려운 일을 해냈다.[7]

이제 중국에 대한 미국의 선택에 대해 진지한 논의를 시작할 시점이다. 이 책은 이 같은 토론을 위해 씌어졌다. 왜 미국이 그토록 어려운 선택에 직면했는지, 대안은 어떤 것인지를 살펴볼 것이다. 특히 중국과의 새로운 협상이라는 구체적인 대안에 살을 붙여나갈 것이다.

수많은 질문에 대한 해답이 필요하다. 중국과의 거래는 무엇을 말하며 미국이 포기해야 할 것은 어떤 것인지, 중국에게 요구할 내용은 무엇이며 미국이 타협을 거부해야만 하는 것은 또 무엇인지, 그 모든 것이 실제로 어떻게 작용할지 등이다. 이러한 질문을 자세히 살펴볼수록, 양국이 협력할 경우 미국은 아시아에서 중심적인 역할을 유지하면서 중국과 평화적으로 공존할 수 있다는 점이 분명해진다. 하지만 이런 일은 미국이 조만간 힘든 선택을 한다는 전제 아래서만 실현 가능하다.

THE
CHINA CHOICE

장기적으로 무엇보다 중요한 것은 경제적 이득이었다. 미국의 승인은 중국이 원하는 것을 가져다 주었다. 즉 비공산권 세계에 문호가 열렸다는 사실이다. 이 사실만으로도 막다른 골목에 몰린 공산주의 경제에서 탈피해 성장할 수 있는 시장과 기술, 자본 등을 제공받을 수 있게 됐다. 1972년 미국과 정상외교를 맺지 않았다면 오늘날의 중국은 불가능했다.

CHAPTER 2

아시아에서의
미국

적수 없는 우월적 지위

1972년 닉슨이 중국을 방문한 이후 40년간 미국은 아시아의 리더였
다. 미국의 우월적 지위는 논란의 여지가 없었고, 그 결과 아시아는
전성기를 맞았다. 미국은 이전보다 훨씬 더 강력한 영향력을 행사했
다. 미국의 안정된 권위 아래서 아시아는 역사상 전례가 없는 평화와
번영의 시대를 향유했다.

결과는 찬란했다. 아시아는 한 세기 이상 지속됐던 분쟁과 혼란에
서 벗어났다. 1972년 이후 아시아는 엄청난 정치적 변화와 사회적 발
전, 경제성장과 지역적 통합을 경험했다. 이런 것들이 모여 아시아
세기의 발전 토대가 됐다. 미국의 우월적 지위는 여러 가지로 아시
아 발전의 중심이었다. 미국의 힘은 동아시아의 분쟁을 억제했다. 스
프래틀리(중국명 난사 군도, 베트남명 쯔엉사 군도) 군도를 둘러싼 충돌
은 물론이거니와 어떤 아시아 국가도 1979년 중국이 베트남을 공격

한 후 대규모 군사력을 사용한 경우는 없었다. 미국의 우월적 지위는 약소국에 대한 영향력 확대 경쟁도 억제했다. 이로 인해 블록 간 경합 대신 개방적이고 포괄적인 지역 형태가 나타났다. 나아가 아시아 국가의 정치적 개혁과 민주주의의 발전에 굳건하면서 조용한 도움이 됐다. 그리고 마침내 미국은 경제성장과 세계화 물결에 맞춰 아시아를 미국 주도의 경제 질서에 편입시켰다. 미국의 도움이 없었다면 아시아에서 이런 일은 일어나지 않았다. 따라서 오늘날 아시아의 성공은 미국이 이룬 업적 가운데 가장 큰 것 중 하나다.

아시아에서 독보적인 지위는 미국이 성공할 수 있었던 핵심 요인이었다. 아시아의 경제성장이 미국 경제를 지탱했을 뿐 아니라 이곳에서의 우월적 지위가 냉전 시기 균형을 무너뜨려 소련 붕괴를 이끌었다. 이상하게도 이런 일은 미국이 베트남에서 실패한 뒤 이어졌다. 결과적으로 미국의 엄청난 군사적 실패가 가장 위대한 전략적 성공으로 이어진 셈이다. 두 가지 요소가 이를 설명한다.

첫째, 미국은 베트남을 지키는 데 실패했지만 그곳에서 벌인 오랜 전쟁은 중요한 시기에 중국의 힘이 나머지 아시아에 미치는 것을 막는 방패 역할을 했다. 특히 동남아 신생국들은 중국과 공산주의 모델을 거부하고 자립할 기회를 얻었다. 또 느리긴 해도 개방된 정치체제와 시장 지향적인 경제를 도입할 수 있었다. 적어도 닉슨은 당시에 이를 이해했다. 닉슨은 베트남전이 다른 아시아 국가들에게 숨 돌릴 틈을 제공했다는 점에서 매우 중요하다고 주장했다. 닉슨은 1967년

"사람들이 도미노 이론에 대해 무엇을 생각하든 베트남에서 미국의 공헌이 없었다면 아시아는 오늘날과는 전혀 다른 지역이 되었을 것이라는 점은 의심할 여지조차 없다."라고 썼다.[8] 동남아의 많은 사람은 이제 이 말에 동의할 것이다.

둘째, 중국과의 협상이 철군의 핵심이었기 때문에 베트남에서 미국의 실패는 중국 개방의 원동력으로 작용했다. 미국의 베트남 철수는 중국을 통해 이뤄졌다. 미국의 시각에서 볼 때 베트남전은 중국과 벌이는 전략적 경쟁의 중요한 일부였기 때문이다. 만일 이 경쟁이 중단될 수만 있다면 베트남은 그냥 버려도 상관없었다. 실제로 그랬다. 닉슨과 키신저는 그 즈음 소련과 알력이 생긴 중국을 상대로 경쟁을 중단하자는 제안을 했다. 타이밍은 좋았다. 사이공이 함락됐음에도 정국 혼란과 경기침체에 허덕이는 데다 국제적으로도 고립되었던 중국은 '흔들림 없는 아시아의 리더'라는 미국의 위상을 받아들일 수밖에 없었다.

우월적 지위를 향한 길

아시아 전략의 핵심은 동북아에 있다. 오늘날 중국과 일본, 한국, 대만은 지구상에서 부와 권력이 가장 집중된 곳 중 하나로 인식된다. 동시에 동북아는 언제나 전략적 주목을 받는 핵심 지역이었다. 미국은 오랫동안 이곳의 여러 문제에 관여해왔다. 서반구를 제외하고 미국이 지속적인 군사력을 행사하고 정치적 영향력을 구축한 곳은 동북아가 처음이다.

유럽 제국주의 열강은 동북아가 제압하기 쉽지 않은 상대라는 점을 알았다. 수세기 동안 제국주의 열강은 남아시아해를 지배했다. 그러나 동북아에서의 영향력은 명·청明靑 시기 강력한 중국과 도쿠가와 막부체제의 일본 때문에 제한적이었다. 당시 중국과 일본은 서방의 침입에 지속적으로 저항할 수 있을 만큼 효율적이며 강력한 체계를 구축한 상태였다. 서방 국가들은 산업혁명 이후 강력한 힘을 갖추고 나서야 중국 등과 싸울 수 있었다. 즉 영국이 1840년 청나라를 공격했던 1차 아편전쟁이 일어난 후에야 서양 열강은 처음으로 의미 있는 동북아 진출을 하게 됐다.

아편전쟁 얼마 뒤 미 해군 매튜 페리 제독이 이끄는 흑선함대Black Ship가 도쿄 만으로 진입했다. 일본을 개방하면서 미국은 동북아에서 서양의 시대를 전개해나갔다. 그렇지만 미국은 19세기 말까지 이 지역에서 열강의 야욕을 추구하지 않았다. 1880년대에 이르러 영국을 따라잡고 세계 최대 경제 규모를 달성한 미국은 해군 양성에 박차를 가해 처음으로 원양작전 능력을 구축했다. 이는 유럽 주도의 19세기 세계질서가 무너지는 상황에서 필수적이었다. 그 즈음 유럽의 전략적 균형에는 커다란 변화가 일어났다. 통일 독일이 유럽의 중심에서 강력하게 부상했고 러시아는 거대한 인구에 기반한 경제적 잠재력을 이용해 마침내 산업화를 전개했다. 다른 유럽 열강의 해군력이 증대되면서 영국 해군의 지배력은 위협받았다. 그리고 유럽협조체제(1815년 오스트리아, 프로이센, 러시아, 영국 간의 4국 동맹에 의한 협정)로 유지되던 열강 사이의 평화는 4개국 간 경쟁이 격화되면서 위태로운 상황에 놓였다. 유럽에서 발생하는 이해관계의 충돌이나 식민지 제국 간의 충돌을 조정하는 구질서의 능력은 점점 더 약화됐다.

미국은 더 이상 유럽 열강에 의존할 수 없다는 사실을 재빠르게 간파했다. 나아가 미국 외 지역에서 점증하는 자신의 이익을 수호하기 위해 추가 행동을 개시해야 한다는 점도 깨달았다. 동북아는 바로 이런 요구가 처음으로 부상한 곳이다. 일본은 서방이 떠넘긴 새로운 질서에 빠르게 적응했다. 반면 중국은 그러지 못한 채 와해됐다. 미국은 만신창이가 된 중국을 놓고 유럽 열강 및 새롭게 부상한 일본과 경쟁하는 과정에서 핵심 이익을 위협받았다. 이렇듯 중국의 운명은 미국이 참여하는 비非서구 정치게임에서 첫 번째 이슈가 됐다.

미국의 이해관계와 동기는 복잡했다. 분명한 것은 미국이 중국 시장에 접근하기를 원했다는 사실이다. 북미 대륙 대부분을 안정적으로 장악한 미국 기업인들은 서반구 외의 새로운 기회를 찾기 시작했다. 유럽과 마찬가지로 그들은 중국의 거대한 인구를 새로운 가능성으로 보았다. 하지만 미국의 동기에 순수한 상업적 목적만 있었던 건 아니다. 중국에 대한 미국의 시각은 수십 년간 중국에서 활동한 선교사들에 의해 이미 형성돼 있었다. 고국으로 돌아간 선교사들은 중국인이 미국의 사고를 열정적으로 수용한다는 이미지를 홍보했다. 여기에는 종교적 신념뿐만 아니라 정치·경제 사상도 포함됐다. 이 같은 이미지는 미국이 중국을 새로운 근대화의 세계로 이끌어야 한다는 독특한 책무와 신념을 갖게 했다. 미국은 '후진 사회'에서 '근대화된 나라'로 가는 과실果實을 중국에 전달할 수 있다고 여겼다. 또 그런 과업을 유럽 열강의 식민지 지배방식과는 다른, 미국만의 고유한 방식으로 실행해야 한다고 생각하게 만들었다. 이런 신념에 고무된 미국은 유럽 제국주의로부터 중국을 구해 그들의 독립국 지위를 보호해주기로 작심했다. 이런 이상주의는 당시 유럽을 휩쓸던 호전적 민족주의와 비슷한 것이었다. 미국인은 무섭게 부상하는 자국의 힘을 의식하기 시작했다. 또 미국이라는 나라의 독특한 도덕적 우위를 내세우며 자신감이 넘쳤다. 당연히 그들 대부분은 세계 무대에서 자신의 힘을 쓰기를 갈망했다.

미국은 중국의 '문호개방정책Open Door Policy'을 지원한다는 전략적 목표 아래 동북아 문제에 처음으로 개입했다. 미국은 중국이 유럽 열강과 일본의 독점적인 정치·경제적 영향권에 놓여 식민지로 분할되는 것에 반대했다. 대신 온전히 보전된 상태로 경제적 기회를 찾아온 모든 이들에게 중국이 개방되길 바랐다. 또 미국과 같은 편에 서서 개혁과 근대화의 길을 가길 독려했다. 이 정책에는 장점이 있었다. 유럽 열강이나 일본의 계획보다 중국 스스로 자신의 이해관계를 더 고려할 수 있었다. 동시에 정치적 독립과 자유민주주의, 자유무역에 바탕을 둔 20세기 새로운 국제질서를 만들기 위한 미국의 포괄적 열망을 구체화시켰다.

하지만 미국 역시 무력 외교의 실용적 요구와 피할 수 없는 영토 유혹, 제국의 신화적 모험담을 이기지 못하고 식민지인 필리핀에서 제국주의 실험을 했다. 미국이 아시아에서 주요 역할을 수행하기 위해서는 필리핀에 해군기지가 필요했다. 다른 열강이 중국에서 빼앗은 영토에 군사기지를 만드는 동안 미국은 다른 곳을 찾았다. 미국은 1898년 스페인과의 전쟁을 통해 필리핀을 합병했다. 필리핀은 해군기지로 적합할 뿐 아니라 독일의 영향력에서도 벗어나 있었다. 세기가 바뀔 무렵, 미국은 아시아에서 우뚝선 강대국으로 변신했다. 또 동등한 영향력으로 일본 및 유럽 열강과 경쟁할 준비를 마쳤고 그럴 의사도 있었다. 1905년 러·일 전쟁 종식 협상을 시어도어 루스벨트 대통령이 주도하면서 미국의 영향력은 분명하게 드러났다.

그 무렵 유럽 열강의 힘은 아시아에서 정점을 지나고 있었다. 1904년 영국이 태평양 함대에서 주요 전함을 본토로 이동시키기로 한 결정은 이 같은 사실을 입증한다. 영국은 점증하는 독일 해군력을 막기 위해 본토 방위함대인 그랜드 플릿Grand Fleet에 이들 전함을 배속시켰다. 그리고 1905년 쓰시마 해협 전투에서 일본이 러시아를 물리치면서 아시아의 새로운 전략적 질서가 생겨났다. 일본의 승리는 바스코 다 가마가 아시아에 진출한 이후 비非 서방 세력이 바다에서 서방 세력을 물리친 첫 번째 사건이었다.

이후 아시아에서 유럽의 해양 우위는 1914년까지 지속되지 못했다. 그리고 제1차 세계대전이 발발하면서 영영 회복되지 못한 것이다. 이러한 상황에서 미국은 정치·전략적 이해관계를 놓고 동북아에서 군사력을 행사할 수 있는 유일한 서방 국가였다. 아시아의 유일한 열강으로 등장한 일본만이 미국과 경쟁하는 상황이었다. 이러한 경쟁관계가 40년간 지속됐다.

일본은 자연스럽게 자신을 아시아의 리더로 여겼다. 1914년 이미 대만과 조선을 합병한 일본은 눈길을 중국으로 돌리고 있었다. 미국은 문호개방 정책을 증진하고 일본이 동북아에서 팽창하는 것을 막는 데 주력했다.

미국은 일본의 야심이 자국의 경제적 이익에 해가 된다고 여겼다. 즉 중국이 범凡 친미 성향을 가진 주권국가가 되길 바라는 미국의 희망과 배치될 뿐 아니라 우드로 윌슨 대통령의 평화원칙 14조와도 맞지 않는다고 봤다. 또 필리핀에서 미국의 입장에도 영향을 미쳤다. 미국은 스스로 서태평양 안팎을 지배하는 명실상부한 강국이며 지역질서의 주요 관리인임을 자부했다.

미·일 간 견해 차이를 평화적으로 메울 수 있다는 희망은 1922년 워싱턴해군군축조약이 체결되면서 절정에 달했다. 이 조약에서 일본은 미국 해군 전함 규모의 5분의 3까지만 유지한다는 데 동의했다. 하지만 이 조약이 서방에 영구히 굴복한 것으로 여겨지면서 일본 내의 격렬한 반대에 부딪혔다. 이는 지역질서를 인정하지 말자는 움직임에 힘을 실었고 1941년 전쟁으로 가는 길에까지 영향을 미쳤다.

2차 대전이 발발했을 때 일본은 자국 근처에서 전투를 벌이는 이점을 누린 반면 미국은 태평양 곳곳에 전투력을 배치해야만 했다. 그러나 미국의 압도적인 경제적·수적 우세는 일본의 지리적 이점을 뛰어넘었다. 공군과 해군력에서 일본이 대적할 수 없을 정도로 미국의 산업생산량은 대규모였기 때문이다. 1942년 5월과 6월, 산호해와 미드웨이 해전에서 일본을 격파하면서 미국은 서태평양 지배권을 확보하기 시작했고 한층 강화된 지배력을 행사했다.

1945년 일본이 패망하면서 미국은 아시아에서 유일한 해양 강국으로 남았다. 미국이 목표한 그대로였다. 즉 미국은 일본이 경쟁자로 재부상하는 것을 막고 중국이 하나로 통일된 상태에서 친미 성향을 유지한 채 지역 강국으로 진화하도록 도우려 했다. 소련의 영향력을 제한하려는 의도도 여기에 포함됐다. 미국의 이러한 계획은 처음에는 중국을 제외하고 모두 이루어졌다. 일본이 패전하면서 오랫동안 이어진 중국 내전은 막바지로 치달았다. 국·공 내전에서 공산당이 승리하면서 중국은 한 세기 만에 처음으로 베이징에 수도를 둔, 전국적으로 강력한 영향력을 행사하는 중앙정부를 갖게 됐다. 중화민족의 권위를 되찾을 수 있는 기회도 잡았다. 마오쩌둥은 "아편전쟁이 끝난 뒤 100년이 지나 미국이 그토록 오랫동안 원했던 대로 중국은 마침내 다시 일어섰다."라고 말했다.

하지만 이런 일은 미국에 매우 적대적이고 러시아와 밀접하게 연계된 공산당 정부 치하에서 발생했다. 그 당시를 반추하자면 미국은 중국을 잃었고, 중국을 잃으면서 아시아를 잃어가는 듯했다. 1949년 이후 20년간 중국은 미국을 아시아에서 축출하고 자국의 주도 아래 아시아를 공산화화기 위해 발버둥쳤다. 당연히 미국은 중국 공산당의 합법성을 부정했고 머지않아 그 정권이 붕괴할 거라 예상했다.

그렇더라도 아시아에서 중국은 미국에게 만만치 않은 적수였다. 매우 가난하고 기술적으로도 뒤처졌지만 거대한 영토와 인구는 강대국의 자질을 보여주기에 충분했다. 군사적으로 중국의 강점은 미국의 약점에 필적했다. 과거 유럽이 그러했듯이 아시아에서 해상 전력에 중점을 둔 미국은 상대적으로 육상 전력이 약했다. 중국의 육상 전력은 가공할 규모를 자랑한다. 미국은 아시아 지상전에서 성공을 거둔 적이 없다. 한국전쟁에서도 간신히 패배를 모면했다. 1950년대 중국 공산주의 이념은 동남아 일부 국가 국민들에게 지지를 받았고 그건 상당한 자산이었다.

그래서 낙후한 나라임에도 불구하고 마오 체제의 중국은 미국에게 상당한 도전으로 다가왔다. 이런 도전은 1964년 이후 중국이 핵무기를 개발하면서 더욱 강해졌다. 엄청난 자원 격차에도 불구하고(1960년대로 접어들면서 자원 격차도 줄어들었지만) 미국이 우세할 것이라는 전망은 더욱 불분명해졌다.

1972년 관계정상화

미·중 양국의 교착 상태를 부순 주인공은 키신저와 닉슨, 마오쩌둥과 저우언라이周恩來였다. 1972년 미·중 양국은 본질적으로 매우 간단한 합의(상하이 코뮈니케)를 이뤘다. 미국은 중국 공산당을 중국 대륙의 유일한 합법정부로 인정했으며 중국은 아시아 리더로서 미국 역할을 받아들였다. 이 관계정상화의 막후에는 결정적인 제3자도 숨어 있었다. 바로 아시아의 또 다른 잠재 강대국인 일본이었다. 모든 괜찮은 거래가 다 그러하듯이, 베트남전 이후 아시아 주요 열강 사이의 합의는 돌이켜보면 분명하고 합리적이며 불가피한 선택이었다. 그런데도 미·중·일 3국은 국내의 정치적 위험성을 포함해 상당한 위험을 무릅쓰고 중요한 공약을 희생시켜가며 타협을 이뤄냈다.

1972년 중국과 일본에는 다른 대안이 있었다. 둘 중 누군가가 다른 선택을 했더라면 아시아는 지금 매우 달라졌을 것이다. 독일 재상 비스마르크는 한때 "정치인은 자신의 손자에 대해 생각할 만큼 장기적인 관점을 생각하는 사람"이라고 말했다. 이것은 모든 분야에서 정치력을 보여주는 것을 의미했다.

오늘날 아시아를 형성하는 과정에서 이루어진 많은 협상은 우리에게 적잖은 교훈을 남긴다. 나아가 3국이 미래에 설정해야 할 방향을 제시해준다. 협상의 핵심에는 미국이 중·일에 제공한 안전보장이 있다. 아시아에서 미국의 우월적 지위를 받아들인 대가로 미국은 중국

1972년 2월 21일, 중국 베이징을 방문한 리처드 닉슨 미국 대통령(왼쪽)이 중국 공산당 지도자 마오쩌둥 (오른쪽)을 만나 악수를 나누고 있다. 중국이 죽의 장막을 걷고 서방 세계에 모습을 드러내도록 이끈 이 역사적인 방문을 집중 조명하며 PBS 다큐멘터리는 '닉슨의 중국 게임'이라는 제목을 달았다. 실로 이 만 남은 미·중 관계 변화의 시발점이자 냉전시대 종말의 첫 징후였다.

에게 일·소로부터의 안보 위협을, 일본에게는 소·중으로부터 위협을 제거해주었다. 이를테면 이중보장 협상이라 부를 수도 있겠다.

아시아에서 미국의 억압적인 제국주의를 목격했던 중국 지도부는 1972년 두 나라 간 관계정상화를 통해 감정적 혐오감을 버렸다. 좀더 구체적으로는 열강으로서 회복하려던 자국의 야망과 리더십, 행동을 한동안 보류하는 것을 의미했다. 그건 중국인의 자부심과 세계적 입지를 감안할 때 매우 큰 희생이었다.

물론 중국이 얻은 것도 많았다. 가장 분명하고 직접적인 이득은 소련과 일본의 위협을 제거했다는 점이다. 1972년 관계정상화 이후 중국은 미국이 소련과 연합해 자신에게 대항하지 않을 것이라고 확신할 수 있었다. 이는 소련에 대한 중국의 입지를 확실히 강화했다. 동시에 중국은 미국의 영향권에 놓인 일본이 재부상할 수 없다는 점에서 환영했다.

장기적으로 무엇보다 중요한 것은 경제적 이득이었다. 미국의 승인은 중국이 원하는 것을 가져다주었다. 즉 비공산권 세계에 문호가 열렸다는 사실이다. 이 사실만으로도 막다른 골목에 몰린 공산주의 경제에서 탈피해 성장할 수 있는 시장과 기술, 자본 등을 제공받을 수 있게 됐다. 1972년 미국과 정상외교를 맺지 않았다면 오늘날의 중국은 불가능했다.

정치적으로도 닉슨 정권과의 정상화는 개혁 과정에 힘을 실어주었다. 즉 이데올로기적 분열과 분파주의가 만연하던 공산당을 마오쩌

등 주도 아래 기술관료 위주로 재편하면서 실용적이고 화합하는 당으로 변모시켰다. 이로 인해 지난 30년간 중국은 엄청난 경제적 성과를 거뒀다. 1972년 당시, 이 같은 선택은 막대한 비용이 드는 반면 혜택은 멀고 모호한 얘기였다. 마오쩌둥으로서는 결코 쉽지 않은 결정이었으며 주변을 설득하기도 녹록치 않았을 것이다.

1970년대 초, 일본의 선택 역시 힘들었다. 일본은 베트남전이 끝날 무렵 매우 불안해했다. 1969년 괌에서 행한 연설에서 닉슨은 미국이 아시아 동맹국에 대한 지원을 줄일 것이라고 밝혔다. 이는 미국이 아시아에서 영구히 물러날 수 있다는 얘기로 들렸다. 닉슨의 중국 방문은 이런 우려를 더욱 증폭시켰다. 특히 중국과 분쟁이 발생했을 경우 미국의 지원이 얼마나 지속될 수 있을지 일본은 의구심을 가졌다.

1972년 당시 일본은 1945년 이후 포기했던 열강으로서의 지위를 되찾을 잠재력과 경제적 영향력을 재구비한 상태였다. 종전 후 일본은 줄곧 미국의 전략적 파트너였으며 자국과 미국의 이해관계를 동일시했다. 또 본토 방어를 제외하고는 대부분의 힘을 미국에 의존했다. 미국에 의존할 수 없다면 일본은 다시 한 번 열강으로서 독립적인 지위를 확보하기 위해 재무장에 나서야 하리라.

물론 이런 일은 일어나지 않았다. 일본은 미국의 파트너로 남는 쪽을 선택했고 미국의 우월적 지위를 강력히 지지했다. 이러한 결정은 일본에게 많은 혜택을 줬다. 재무장이 낳을 국내외적인 우려를 확실히 방지했다. 방위비 역시 절감됐다. 무엇보다 미국의 영향력에서 벗어난 일본이 중국과의 경쟁체제로 들어서는 위험부담을 피할 수 있었다. 이제 일본은 아시아에서 막대한 경제적 기회를 얻었다.

마지막으로 1972년의 관계정상화는 미국에게도 비용과 혜택 측면에서 많은 것을 가져다주었다. 이득은 비용 측면에서 더욱 두드러졌다. 베이징을 방문한 닉슨과 키신저는 25년간 이어온 정책을 뒤집고 중국 공산당을 유일한 합법정부로 인정했다. 실로 대단한 돌파구였다. 그것은 중국의 영향력을 저지하기 위해 싸웠던 값비싼 전쟁인 한국전쟁과 베트남전의 20년 세월을 뒤로한 채 나온 정책이기 때문이었다. 어쩌면 철저한 반공주의에 입각한 닉슨 정권이었기에 이를 더 잘 해낼 수 있었을지 모른다. 이로 인해 미국은 1949년 이후 대 아시아 정책에 있어서 핵심이었던 대만과 전략적 거리를 둬야만 했다. 중국과의 타협은 대만을 희생해서 이루어진 결과였다. 양국 관계에 있어 대만은 마찰의 1차 원인이었다. 미국으로서는 대만을 버리는 게 몰락을 의미하는 것도 아니었다.

결론적으로 1972년 관계정상화는 미국에 막대한 혜택, 향후 미국의 위상을 탈바꿈시킬 정도의 혜택을 부여했다. 미·중 및 중·일 관계정상화는 단순히 미국이 베트남에서 탈출하는 것을 의미하지 않았다. 이로 인해 양국은 소련에 안정적으로 대항했고 아시아에서 미국의 우월적 지위가 지속되도록 했다. 또 아시아가 미국의 리더십 아래 서구 지향적인 경제·정치 행보를 이어가도록 독려한 결과 세계에서 가장 생기가 넘치는 곳으로 변모했다. 1975년 이후 소련은 아프가니스탄 동쪽의 아시아에서 실질적·전략적 이득을 얻을 엄두조차 내지 못했다. 중국 공산당이 효율적으로 움직여 성과를 냄으로써 소련이 위기를 맞는 데 지대한 영향을 미쳤다고 말할 수 있다. 그리고 이것이 소련 공산당의 끔찍한 말로를 만들어냈다고 할 수도 있다. 어쩌면 덩샤오핑鄧小平은 로널드 레이건이 소련 공산주의를 무너뜨리기 위해 했던 것보다 더 큰 역할을 했을 수 있다. 설사 그렇더라도 리처드 닉슨의 공로 또한 인정해야만 한다.

냉전 이후

1989년 6월 발생한 천안문 사태는 1972년 관계정상화 이후 양국 관계가 처음으로 심각한 시험대에 오른 사건이었다. 천안문 사태는 중국이 점진적으로 개방하고 있다고는 해도 여전히 억압적인 공산당의 지배 아래 머무는 나라임을 상기시켰다. 특히 그해 말 베를린 장벽이 붕괴되면서 중국과 나머지 세계는 극명한 대조를 보였다. 많은 사람들은 앞으로 중국의 정치제도가 살아남을지, 서방과의 관계가 지속적으로 발전할 수 있을지 의구심을 가졌다. 경제적 관계는 그다지 안정감을 주지 못했다. 경제개혁이 시작된 1979년 이후 10년이 막 지난 뒤라 중국은 여전히 상대적으로 경제 규모가 작았고 장기적 전망도 불투명했다. 미국 기업에게 매력적인 신생시장으로 부상했으되, 중국은 여전히 사업하기 힘든 땅이었으며 미국의 경제적 미래에 중심이 될 것 같지도 않았다. 그럼에도 불구하고 조지 H. 부시 대통령은 양국의 관계에 균열이 가는 것을 최소화하기 위해 노력했다. 또 중국을 이해하는 쪽으로 가닥을 잡으려 애썼다. 이는 새로운 계산법에 따른 첫 번째 지표指標라기보다 냉전 논리의 마지막 적용으로 보였다.

사실 냉전이 마무리되면서 아시아에서 미국의 미래는 불확실했다. 중국과 소련을 더 이상 봉쇄할 필요가 없어진 상황에서 미국이 리더십의 부담을 계속 짊어질지, 짊어져야 하는지 분명하지 않았다. 1992년 빌 클린턴 정부가 들어서면서 "바보야, 문제는 경제야."라고 강조했을 때 이런 의구심은 그럴 만한 근거가 있어 보였다. 그러나 1990년대 중반까지도 미국은 아시아에서 우월적 지위를 유지하기로 결정했었다. 첫 번째 이유는 미국이 모두가 예상했던 것보다 더 나은 모습으로 냉전에서 빠져나왔다는 점이었다. 경제는 번영했고 미국인에게는 아시아뿐만 아니라 세계를 이끌어갈 힘이 있다는 자신감이 넘쳤다. 소련이 해체되면서 우월적 지위를 유지하는 일은 누군가가 도전하지만 않는다면 비용이 많이 드는 문제도 아니었다. 게다가 아시아 역시 번영하고 있었다. 1980년대로 들어서면서 아시아 경제의 중요성은 현저하게 증가했다. 전후 일본의 경제 기적은 정점에 달했다. 한국과 대만, 많은 동남아 국가가 무섭게 성장했다. 세계 최대 규모의 경제가 될 중국 역시 발전을 이루기 시작했다. 미국은 이런 상황을 그대로 지나쳐서는 안 된다는 논리를 선뜻 받아들였다. 그리고 어쩌면 가장 중요하게도 1990년대의 미국인들은 냉전이 종식되면서 미국이 세계질서 진두지휘자로서의 역할을 공고히 할 기회를 얻었다고 믿었을 것이다. 아시아에서의 리더십은 이런 전망에서 핵심이었다.

1990년대로 접어들어 중국이 계속 성장하면서 현재 미·중 관계의 윤곽이 나타나기 시작했다. 1단계로 경제 및 영향력이 확대되면서 중국은 미국에게 날로 중요해지는 상대가 되었다. 양국의 관계 역시 다양한 문제를 효과적으로 다룰 수 있는 방향으로 서서히 발전했다. 미국이 중국의 성장을 인정하는 단계로 좀더 성숙해진 것이다. 1990년대 중반이 되자 미국이 어떻게 중국의 부상에 대응해야 하는지에 대한 광범위하고 지속가능한 합의가 나타나기 시작했다.

이른바 '헤징'이라 불리는 이 정책은 중국이 아시아의 질서를 뒤집지 못하도록 단속하겠다는 것으로, 핵심은 매우 간단했다. 미국은 중국에 다음과 같은 조건이 포함된 거래를 제안했다. 로버트 죌릭 당시 국무부 부장관이 말했듯이 중국이 책임 있는 이해당사국Responsible Stakeholder으로써 아시아의 기존 질서를 받아들이고 함께 한다면 미국은 중국이 세계경제에 통합되도록 도울 것이라는 내용이었다. 하지만 중국이 미국 주도 질서에 대항해(가령 아시아에서 미국의 동맹국을 약화시키거나 미국 군사기지를 위협하는 군사력을 키운다든가 하는 행위) 영향력을 확대하려 든다면 미국은 모든 힘을 동원해 포용에서 봉쇄 정책으로 바꾸고 중국을 세계경제에서 고립시키겠다는 것이다.

중국의 경제성장을 고려할 때 이는 사실상의 협박이었다. 중국은 자본과 기술, 경험과 시장 등에 접근할 세계 시장이 필요한 상황이었다. 1990년대 미국이 세계경제 질서에서 행사하는 독보적인 지위는 중국의 접근을 통제할 만한 힘이 있어 보였다. 만일 중국이 통제선에서 벗어난다면 미국은 문을 걸어잠그고 중국의 경제를 질식시키면 그만이었다. 따라서 중국에게는 선택의 폭이 많지 않았다. 미국의 우위를 받아들이고 성장하든가 아니면 그것에 대항해 정체되든가, 둘 중 하나뿐이었다.

헤징의 매력은 제대로 작동할 경우, 중국의 어떤 도전도 스스로를 자멸로 이르게 한다는 점이었다. 세계경제에 편입하지 못한다면 중국의 힘은 약화되고 도전 역시 사라질 것이다. 하지만 헤징의 허점도 분명했다. 그것은 중국이 결코 세계경제의 핵심으로 성장하기는 어렵다는, 검증되지 않은 가정에 근거한 이론이었다. 또 하나, 중국이 세계경제의 핵심으로 성장할 때까지만 미국의 리더십에 동조하는 척 위장할 경우에는 어떻게 대처할 것인가. 그리고 그때 비로소 중국이 본심을 드러내기 시작한다면, 미국으로서는 행동을 취하기에 너무 늦은 시점이 되고 만다.

헤징의 허점은 예상대로 정확하게 일어났다. 중국의 경제가 커질수록, 그리고 미국 자신을 포함해 다른 나라 경제와 더욱 밀접하게 연관될수록 헤징은 더욱 비현실적인 주장이 됐다. 21세기가 시작되자 이미 너무 커진 중국은 세계경제에서 미국이 마음대로 배제하기에는 곤란한 상대가 돼버렸다.

이런 현실을 미국은 너무 늦게 깨달았다. 2008~2009년 세계 금융위기가 닥친 후 크고 중요해진 중국 경제의 위상이 새삼 드러났을 때, 사람들은 중국을 고립시키겠다는 위협이 얼마나 비현실적인지 불현듯 깨달았다.

하지만 경제 고립의 현실성이 떨어지면서 전략적 봉쇄 개념이 이를 대신했다. 그러니까 중국이 성장하기 위해서는 평화와 안정이 필요하다는 가정이다. 무엇보다 중국은 미국과 전략적 경쟁을 펼친 뒤 이어질 혼란을 감당할 여유가 없다는 얘기다. 하지만 같은 문제는 미국에도 적용된다. 오늘날 중국이 미국을 필요로 하는 만큼 미국 역시 중국을 필요로 한다. 혼란과 대립의 대가는 중국뿐 아니라 미국에게도 돌아가게 되어 있다.

그러므로 미국의 헤징 정책은 실패했다. 미국은 자신의 우월적 지위에 대한 중국의 도전이 어떻게 전개될지 알아채지 못했다. 또 이를 멈출 만한 행동을 할 의지가 없거나 그럴 능력이 없었다. 이제 조치를 취하기에는 너무 늦었다. 미국은 더 이상 경제 고립이란 무기로 중국을 위협하거나 전략적 봉쇄를 통해 우월적 지위에 도전하는 중국을 저지할 수 없다.

어떻게 이런 일이 벌어졌을까? 한 가지 대답은 2001년 발생한 9·11테러이다. 그 사건 이후 10여 년간 중국은 성장했고 미국의 관심은 다른 곳에 가 있었다. 하지만 아마도 세계의 시각과 냉전 이후 차지했던 미국의 세계적 위상에 더 큰 원인이 있을 것이다. 대부분의 사람은 세계질서의 리더로서 미국의 지위를 도전불가한 것으로 여겼다. 미국의 리더십 아래 세계질서는 깊고 항구한 안정기에 접어든 듯했다. 여기에 위협이 되는 유일한 것이라야 체제 주변에 있는 후진국이나 깡패국가, 테러리스트 등이 될 것으로 여겼다.

미래 역사학자들은 어떻게 그렇게 많은 사람들이 이런 예측이 잘못됐다는 것을 어떤 방법으로든 알지 못했는지 의아해할 것이다. 그 해답의 열쇠는 아마도 중국의 부상이 어떤 규모와 속도, 중요성을 갖는지 이해하지 못했다는 점에 있을 것이다.

THE CHINA CHOICE

사실 이것은 권력의 속성에 관한 문제다. 국력은 많은 요소로 이루어져 있으며 여러 방법으로 사용될 수 있다. 그렇지만 역사적으로 볼 때 한 가지 근본적인 요소가 반드시 필요한데, 그게 바로 온전한 경제 규모다. 어떤 국가도 막대한 부의 축적 없이 강력한 권한을 행사하지 못했다. 국력을 과시하는 데 있어 경제력만한 것은 없다.

CHAPTER 3

중국 : 패권과 야망

숫자의 힘

많은 사람들은 미국 경제가 언제나 세계 최대일 것이라고 믿는다. 그들은 미국 경제의 우월함이 1980년대 일본으로부터도 도전받은 적이 있다고 말한다. 그들은 "현재 일본을 보라."면서 중국의 도전도 같은 방식이 될 것이라고 확신한다. 하지만 중국은 다르다. 미국 경제에 대한 중국의 도전은 다른 나라가 실패했던 것과는 전혀 다른 양상을 보인다. 다른 국가에게 없는 뭔가 다른 것이 중국에는 있다. 그것은 바로 미국보다 방대한 노동력이다. 이것이 모든 차이를 만든다.

계산은 매우 간단하다. 일본의 노동인구는 미국의 3분의 1에 불과했다. 따라서 일본이 미국의 생산량을 따라잡기 위해서는 일본 노동자가 미국보다 3배 이상 높은 생산성을 보여야 했다. 미국 노동자의 기술 응용력과 혁신성, 기업가 정신 등은 세계에서 가장 탁월한 분야이기 때문에 이런 일은 절대로 일어날 리 없다. 따라서 일본이 미국을 따라잡을 것이라는 오래된 가정은 언제나 잘못된 예측으로 남게 된다. 반면 중국은 미국보다 4배 많은 노동인구를 자랑한다. 이는 중국 노동자가 미국 평균의 4분의 1에 해당하는 생산성만 보여줘도 미국을 따라잡을 수 있다는 걸 의미한다. 30년 전만 해도 양국 노동자의 생산성 격차는 비교할 수 없을 만큼 커서 미국은 국내총생산에서 중국을 압도했다. 1980년대 이후 중국이 비약적인 성장을 거듭하면서 차이는 많이 좁혀졌다. 그리고 이제 중국의 거대한 노동력을 능가할 만큼 미국 노동자의 부가가치 생산력은 높지 않은 상황이 됐다. 경제 규모의 역전이 이루어질 수 있는 중요한 임계점 근처에 도달한 것이다. 이 임계점을 넘어서면, 중국은 세계 최대 규모의 경제를 갖게 될 것이다.

엄청나게 빠른 중국의 부상을 목격한 우리 모두는 놀랐다. 하지만 그 징조는 오랫동안 예견돼왔다. 경제적 우위는 결국 숫자의 문제일 뿐 국민성 지수와 같은 것이 아니라는 사실을 망각하면서 우리는 종종 그런 징조를 무시한다. GDP는 간단한 합계로 이뤄진다. 각 노동자가 생산한 양을 노동자 수로 곱한 수치다. 선진국 중 가장 많은 노동인구를 보유한 미국은 1880년대 이후 줄곧 세계 최대 경제권 국가였다. 미국은 많은 노동인구에다 높은 1인당 생산성을 바탕으로 엄청난 GDP를 이룩할 수 있었다.

물론 비옥하고 거대한 국토가 이런 일이 가능하도록 도왔다. 미국의 개방성과 기회, 자유는 수많은 이민자를 끌어모았다. 미국의 혁신과 기업가 정신, 창의성은 자국의 노동력을 지구상에서 가장 생산성 높은 인력으로 무장시켰다. 이런 이유로 일본처럼 작은 나라가 미국의 노동력 규모를 상쇄하기 위해 생산성 면에서 미국을 따라잡는 것은 사실상 불가능했다. 이것은 중국이나 인도처럼 엄청난 노동력을 지닌 국가가 미국과 비슷한 생산성을 달성해야만 상황을 역전시킬 수 있다는 얘기가 된다. 그런데 지금 그런 일이 벌어지고 있다.

장기적인 맥락으로 보면 최근 중국과 인도의 부상은 혁명이라기보다 회복에 가깝다. 즉 2세기에 걸친 간극을 딛고 정상으로 돌아가는 셈이다. 1800년대 이전만 해도 중국과 인도는 거대한 인구를 바탕으로 세계 양대 경제권을 형성했다. 산업화 시기 이전까지만 해도 생산성은 어디나 비슷해서 상대적 경제 규모는 인구에 의해 결정됐다. 산업혁명은 인구와 GDP가 연계된 간단한 셈법을 무너뜨렸다. 역사 경제학자들은 생산성에 있어서 이를 '위대한 발산Great Divergence'*이라고 불렀다. 1인당 생산량은 몇몇 선진국에서 급격히 증가했지만 다른 국가로 전이轉移되지는 않았다. 19세기 초 2,000만 명에 불과하던 영국 노동자가 3억 8,000만 명 인구를 가진 중국보다 높은 생산량을 달성함으로써 중국 경제는 처음으로 영국에 추월당했다.

현재 여러 국가들이 미국을 따라잡고 있다. 미래 역사학자들은 이런 일이 더 일찍 일어나지 않고 21세기 초반에야 시작되었다는 사실

---

* 위대한 발산은 세계화가 선진국과 개도국 간의 경제력 격차를 더 확대시켰다는 캘리포니아대 어바인 캠퍼스의 케네스 포메란츠 교수가 주장한 것을 말한다.

에 그리 놀라지 않을 것이다. 많은 부분에서 1인당 생산성이 향상되면서 200년 전 서유럽과 북미 대륙에서 산업혁명을 통해 생산성 향상이 이뤄졌던 '위대한 수렴Great Convergence'*이 일어나기 시작했다. 생산성 격차는 점차 좁혀지고 경제 규모는 더욱 더 노동력 숫자에 의존할 수밖에 없는 상황이 도래했다. 인도와 중국이 자연스럽게 양대 경제대국으로 부상하고 중국은 맨 앞자리를 차지했다. 중국은 빠른 속도로 경제발전을 거듭했다. 당분간 중국의 노동인구는 인도보다 많을 것이다. 따라서 앞으로 수십 년간 중국은 세계경제의 정상 자리를 놓고 미국에 도전하고, 인도가 추월하기 전에 미국을 앞지를 것이다.

수학적 계산은 매우 간단하지만 중국 경제가 미국을 추월할 수 있다는 가정은 현실적으로 받아들이기 쉽지 않다. 미국은 누구나 기억하듯이 세계에서 가장 부강한 나라였고 전 세계는 미국이 만든 질서로 구성됐다. 다른 방식의 세계를 상상조차 할 수 없었다. 마찬가지로 십수억 인구의 국가가 가난에서 벗어나 근대 경제체제로 편입한 뒤 경제협력개발기구OECD 수준의 1인당 수입을 가진 나라로 변모하는 사례를 본 적이 없다. 우리는 그런 국가가 어떻게 될지, 어떤 힘을 지닐지, 그리고 어떻게 행동할지 접해보지 못했다. 우리의 첫 번째 반응이 불신과 의구심으로 가득 차는 것은 지극히 당연하다.

이런 상황에서 전문가들은 희망사항을 종종 늘어놓았다. 과거 15

---

* 신흥국의 소득과 생활수준이 높아져 선진국 수준에 근접하는 현상을 말하는 것으로 〈파이낸셜 타임스〉의 칼럼니스트 마틴 울프가 주장했다.

년간 중국의 부상에 따른 희미한 경고음이 들리기 시작했지만 서방 세계는 오히려 중국의 도전을 심각하게 받아들일 필요가 없다는 신념을 정당화할 3단 체계를 세우고는 이를 강화해나갔다.

첫 번째 단계는, 중국 경제가 더 이상 성장하지 않을 것이라는 믿음이다.

두 번째 단계는, 중국 경제가 계속 성장하더라도 미국에 대적할 만한 정치적·전략적 규모로 전환하지 못할 것이라는 예측이다.

세 번째 단계는, 설령 중국이 정치적·전략적 무게감을 갖게 되더라도 국제질서나 아시아에서 미국이 갖는 리더십에 도전하기 위해 이를 사용하지 못할 것이라는 가정이다.

미국이 직면한 선택들의 심각성을 이해하기 위해 우리는 각각의 명제가 틀렸다는 점을 살펴봐야 할 것 같다.

중국은 계속 부유해질까?

물론 첫 번째 질문은 중국은 계속 성장할 수 있는가이다. 이는 결코 필연적인 게 아니다. 중국의 경제성장은 여러 이유로 늦춰지거나 멈추거나 오히려 후퇴할 수 있다. 우선, 중국 경제는 내재적 약점을 지니고 있다. 가까운 장래에 중국은 인플레이션이나 지속불가능한 수준의 자본 투자, 악성 채무 등 가공할 경제적 위험요인과 맞닥뜨릴 것이다. 중국은 이런 위험요인을 관리하는 동시에 투자와 수출 주도의 경제 전략에서 국내 소비로 성장을 촉진하는 근본적인 변화를 겪어야 한다. 이런 문제를 처리하는 데 여러 해가 걸리고 성장률도 확연히 낮아질 것임은 자명하다. 비록 중국이 과거 이런 문제를 상당히 잘 처리하는 능력을 보여주었지만 말이다. 그러나 문제가 심각한 것으로 드러나더라도 이런 중단기적 문제가 양국 간 상대적 권력 지형의 장기적 변화를 유발하지는 않을 것이다.

장기적인 향방을 고려해보자. 과거 수십 년간 경제성장을 이룩한 중국의 급속한 생산성 향상은 하루에 겨우 1~2달러를 벌며 최저 생계만 유지하던 수많은 농촌 인구가 하루 20~30달러를 받는 공장지대로 유입됐기에 가능한 일이었다. 중국의 이런 기록은 그다지 놀라운 것이 아니다. 이는 산업혁명 초기단계 국가에서 흔히 일어나는 일로 농촌에서 공장으로 인력이 이동하는 것이다. 중국은 여전히 하루 2달러로 먹고사는 농촌 지역에 수백만 명의 농민이 있으며, 이들은 중국에 많은 이득을 안겨다 줄 수 있는 인력자원이다. 아직 실현되지 않은 그들의 경제 잠재력이 풀리기만 하면 장기적인 경제성장을 이룰 성장 동력이 되는 셈이다.

하지만 이런 인적자원은 한정적이다. 중국 경제가 좀더 성숙단계에 이르면 성장 폭은 확실히 둔화될 것이다. 세계은행World Bank은 1980년대 이후 연평균 9%를 상회한 중국의 경제성장률이 2020년 중반에는 5%대로 떨어질 것으로 전망했다.[9] 그 즈음 중국의 노동인구는 좀더 생산적인 일에 투입되고 미래 성장동력을 모색하거나 노동력을 제외한 다른 분야에서 생산성을 향상시키는 데 의존하게 될 것이다.

인구통계학적으로 중국에게 안 좋은 소식이 있다. 여전히 가장 많은 노동인구를 자랑하지만 중국의 노동인구는 몇 년 안에 감소할 것으로 예상된다. 이는 중국 경제가 성숙단계에 이르고 난 후 좀더 생산성을 끌어올려야만 장기적 성장을 기약할 수 있음을 의미한다. 이 사실을 잘 아는 중국은 교육 분야에 엄청난 투자를 하고 있다. 중국은 노동인구의 기술력을 배양해 미래 경제성장의 토대를 마련하고 있다. 따라서 중국 경제성장이 둔화될지언정 성장이 멈추거나 후퇴할 것이라는 가정은 근거가 희박하다.

물론 경제적 토대가 미래 성장을 결정짓는 유일한 요인은 아니다. 다른 요인들로 인해 중국은 휘청거릴 수 있다. 한 가지 분명한 문제는 환경이다. 30년에 걸친 엄청난 속도의 산업화는 여러 부분에 끔찍한 영향을 미치고 있다. 이를 심각하게 인식한 중국 정부는 현안 및 새로 발생할지 모르는 문제를 해결하기 위해 많은 돈을 투입한다. 이런 문제들은 대가를 수반하며 성장에도 장기적인 영향을 준다. 하지만 장기적 안목에서 중국 경제의 궤적을 바꿀 만큼 영향을 미칠 것 같지는 않다.

중국의 성장은 더 큰 문제점을 세계에 시사한다. 14억 인구가 현재 서방 수준의 에너지와 식량, 자원을 소비할 때 지구가 이를 감당해낼 수 있을지 불분명하다. 중국은 이미 모든 천연자원의 최대 소비국이다. 경제가 성장하면 소비량은 더욱 늘어난다. 중국의 길을 따라 걷는 인도 역시 새로운 소비층으로 부상해 유례가 없는 막대한 양의 자원을 소비하게 될 게 뻔하다.

탄소배출 통제도 명백하고 중요한 문제이다. 그 밖의 문제들로는 에너지와 물, 광물과 다른 자원을 어떻게 공급하고 배분하며 가격을 매길지 등이 포함된다. 물론 이런 문제들은 중국 역시 자원 없이 성장할 수 없기 때문에 중국의 미래 경제성장에 매우 중대한 요소들이다. 하지만 시선을 조금만 돌려 생각해보면 이는 중국뿐 아니라 다른 국가에게도 적잖은 영향을 미친다는 점이 분명해진다. 어떤 나라도 중국의 자원 소비와 탄소배출 문제를 당연한 것으로 여겨서는 안 된다. 만일 이 문제가 국제적 합의에 따라 관리된다면 비용 역시 적정하게 분담할 것이다. 반면 자원을 놓고 서로 다투게 될 경우, 중국은 많은 돈을 지불해 자신이 원하는 자리와 몫을 차지하려 들 것이다. 그게 여의치 않아 시장이 무너질 경우, 중국은 정치적 영향력을 동원하거나 심지어 군사력을 동원할지도 모른다. 물론 이런 가정은 현실성이 높지 않다. 아무튼 제한된 자원이 다른 국가들보다 중국의 경제성장을 지체시키리라는 가정은 별다른 근거가 없다.

마지막으로 정치가 있다. 중국의 미래 경제 전망을 좌우하는 가장 큰 잣대는 정치체제가 성장의 진통을 관리할 수 있느냐 여부다. 만개하는 시장경제를 공산당이 주도한다는 사실은 많은 이에게 아주 이상하고 지속불가능한 듯이 보였다. 공산주의 정치와 시장경제 사이의 내재적 모순이 조만간 중국의 시스템을 파멸로 몰아갈 것이라는 전망은 그래서 당연했다. 중국과 같은 전체주의적 정치제도 아래에서 그렇게 빨리, 지속적으로 성장하거나 부유해진 국가는 이전에 없었다. 다른 나라에서 경제성장은 주요한 정치 변화는 물론 개인의 자유 신장과 정치적 대변혁, 그리고 강력한 법치주의를 이끌어냈다. 왜 중국은 이런 면에서 달라야만 하는가?

이것은 매우 중요한 주제이지만 섣불리 단순화해서는 안 된다. 경제적 성공을 위한 정치모델은 하나만 있는 게 아니다. 18세기 이후 산업혁명을 겪은 모든 국가는 정치적으로 변모했지만 다양한 방식으로 진화해 다양한 정치체제를 만들어냈다. 하노버왕조 시대의 영국과 19세기 중반의 미국, 비스마르크가 지배하던 독일, 메이지 체제의 일본, 리콴유의 싱가포르 등을 비교해보라. 유사점만큼이나 차이점도 크고 많다. 각각의 경우는 정부와 민간 분야의 관계 설정에서부터 대의기구 다양화와 개인의 자유 등까지 큰 차이를 보인다. 이런 사실은 경제적 성공을 위한 정치적 전제조건은 우리가 흔히 생각하듯 서구식 민주주의의 현대적 개념에 가까워야 한다는 식으로 정의되지 않을 수 있다는 점을 보여준다.

중국식 사회주의 경험이 이를 증명한다. 중국의 경제성장이 계속된 30년간 서방은 중국의 정치와 경제제도가 충돌할 것으로 전망했다. 하지만 중국 공산당은 이런 충돌을 피하면서 정치적 입지와 경제적 추동력을 동시에 유지했다. 이 같은 과거의 성공이 미래 성공을 보장하지는 않더라도 정치적 혼란이 성장을 막을 것이라는 가정이 어리석다는 사실은 증명해준다.

지난 30년간 빠른 경제성장 속에서도 중국의 정치체제가 생존할 수 있었던 이유 중 하나는 많은 변화를 겪었다는 점이다. 중국 공산 당은 1970년대 덩샤오핑과 장칭江靑 등 4인방(장칭, 왕홍원王洪文, 장춘 차오張春橋, 야오원위엔姚文元 등 중국 급진파 지도자 4인을 일컫는 말)이 권 력을 장악했던 시절과 현재가 완전히 다르다. 공산당은 마르크스 경 제학 개념을 버렸을 뿐 아니라 나머지 공산주의 이념도 포기한 채 레 닌의 핵심 이념인 일당주의 원칙만을 유지하고 있다. 중국 공산당은 야만적인 억압으로 얻은 정치권력을 독점적으로 유지하면서도 권위 주의 정권이 일반적으로 범할 수 있는 실수를 피했다. 대부분의 일당 체제와 달리 중국 공산당은 문제를 인정하고 잘 해결했다. 중국 역시 다른 국가와 마찬가지로 시행착오를 겪었지만 최근 수십 년간 최소 한 정책입안과 실행과정에서 좀더 자유스러운 민주체제만큼이나 잘 했다고 말하는 것이 공정하다. 또한 대부분의 권위주의 체제가 지도 부 교체에 미숙했던 반면 중국 공산당은 개인숭배와 분파주의를 극 복하면서 자연스럽고 공정하게 승계를 허용하는 새로운 지도부 교체 모델을 개발한 듯하다. 2012년 제5세대 정치지도자로의 권력이양은 중국 정치가 막후 결정방식 대신 안정적이고 효과적으로 지도부를 만드는 흥미진진한 시스템에 의해 이뤄지고 있다는 점을 시사한다.

그럼에도 중국은 여전히 고전적인 레닌식 일당 국가임에는 틀림없다. 중국 공산당은 정치권력을 독점하기 위해서라면 아주 무자비하다. 그렇지만 이렇게 오랫동안 부유한 동시에 억압적인 정권으로 살아남은 사례도 없었다. 이 사실이 중국의 체제가 종말로 가는 것을 의미할까? 반드시 그런 것은 아니다. 몰락의 징후라기보다는 중국만큼 부유한 레닌주의 국가는 없었다는 사실이 중국의 정치체제가 생존할 수 있는 이유를 설명해줄지 모른다. 번영만큼 정통성을 만드는 것은 없다. 어떤 레닌주의 국가도 경제성장이 부여할 수 있는 만큼의 합법성을 향유한 적이 없다. 아마도 중국 공산당의 정치적 리더십은 성공적인 근대 경제체제를 마련해 국민에게 많은 번영을 가져다준 정부를 만들었기 때문에 권력을 인정받은 첫 사례가 될 것이다.

중국 국민은 많은 불만을 가지고 있을 것이다. 공산당에 대한 불만족도 폭넓게, 점점 커지고 있다. 하지만 이것이 현 체제가 지속불가능하다는 걸 의미하지는 않는다. 대다수 중국인은 약점이 많더라도 공산당의 권력 독점을 받아들이는 쪽이 다른 어떤 대안보다 낫다고 생각할 가능성이 높다. 만일 공산당이 앞으로 수십 년간 진화하고 적응해 중국 경제를 성장시키고 국민이 이를 묵인하는 방법을 찾아낸다면 공산당은 권력의 지렛대를 더 강고히 다질 것이다. 즉 공산당의 집권이 계속되지 않을 거라고 그 누구도 장담할 수 없다.

어쩌면, 그럴 수도 있다. 늘어나는 중산층이 정부가 공산당에 귀속되는 것에 만족하지 않고 조국의 미래를 결정하고 토론하는 데 더 많은 역할을 요구할 가능성도 있다. 중국은 앞으로 경제 방향과 사회, 환경, 그리고 (우리가 살펴볼) 대외정책 문제에 관해 중요한 결정을 내려야 한다. 공산당은 자신감 충만하고 정보로 무장한 국민을 상대로 중앙정치국 상무위원회가 중요한 결정을 가장 잘 내리는 집단이라고 설득하는 게 만만치 않다는 걸 깨닫게 될 것이다. 중국에서 중요한 정치적 변화를 요구하는 압력은 급증할 것이다.

그렇다면 중국은 어떻게 경제와 안정을 도모할 수 있을까? 이 문제는 중국 국민이 얼마나 강하게 정치개혁을 요구하고 공산당이 어떻게 대응하느냐에 달려 있다. 정치 문제가 권력에까지 미치지 않길 바라는 대다수 중국인은 개혁을 바라는 국민의 목소리가 커진다 해도 공산당은 요지부동일 것이라고 생각한다. 만일 그런 일이 일어난다면 중국의 미래는 정말로 어둡다. 공산당 체제가 완전히 붕괴하고 경제성장이 서서히 멈출 때까지 천안문 사태와 같은 정치적 위기가 대규모로 반복될 것이기 때문이다. 그렇더라도 이런 시나리오만 가능한 건 아니다. 정치개혁을 요구하는 기층민의 압력을 못 이긴 공산당이 급진적 개혁 대신 점진적 자유화를 인정하는 쪽으로 선회할지도 모른다. 그렇게 되면 중국의 체제는 점진적으로 변화하면서 상대적·평화적으로 지속가능한 방향으로 나갈 수 있다.

그런 일이 일어나는 동안, 중국 국민들은 인내심을 가지고 자유를 향한 각자의 요구를 다소 누그러뜨릴 필요가 있다. 또 공산당은 권력 독점을 완화할 의지를 보여야 한다. 물론 쉽지 않겠지만 불가능한 것도 아니다. 중국 국민은 정치개혁도 중요하지만 안정과 경제성장 역시 미래의 성패를 좌우한다는 걸 잘 알고 있다. 또 대부분의 중국인은 정치적 혼란과 경제 붕괴라는 위험부담을 감수하며 자유를 추구할 만큼 절박하지 않을지도 모른다. 공산당 역시 권력을 유지하는 데 집중하지만 재앙에 가까운 무질서를 피하는 데에도 많은 관심을 기울인다. 그러므로 다른 대안이 없다고 판단할 때 중국 공산당 지도부는 혁명을 막기 위해 자신의 권력 독점을 포기할 가능성도 있다. 이런 변화는 엄청난 위기나 대립 없이는 일어나기 힘들지만 이로 인해 새로운 정치적 합의체가 출현할 수도 있다. 새로운 정치적 합의란 질서를 유지하면서 자유를 확대하고 경제성장을 도모하는 방향이다. 중국 공산당이 일부 권력 독점을 포기하는 게 불가능하다고(유일한 대안은 강압적인 레닌주의거나 혼란스러운 혁명이라고 본다) 생각한다면, 그건 중국인과 공산당이 최대 이익을 위해 그들의 고유한 정치체제를 발전시켜온 능력을 무시하는 셈이다.

특히 조국의 성공이 자신의 이해관계와 밀접하게 연관된다고 생각하는 중국인들의 정서를 과소평가한 것이다. 중국은 다른 전제주의 국가들과 다르다. 비록 억압적인 정부였지만 진정한 혜택을 국민에게 가져다줬다. 오늘날 수많은 중국인은 그들 부모 세대가 상상했던 것보다 훨씬 나은 삶을 살아간다. 좋은 집과 교육, 보건, 의류, 여행의 자유, 경제적 전망까지도 더 낫다. 그런 것들을 당연하게 생각하는 서방에서만 물질적 행복 증진이 정치적으로 중요하지 않은 것처럼 보였을 뿐이다. 서방은 정치적 안정과 질서를 당연하게 여겼다. 적잖은 억압과 탄압이 상존하지만 현재 많은 중국인은 다른 어떤 세대보다 더 안전하고 많은 자유를 누리며 살아간다. 이러한 현실은 중국의 정치적 미래를 가늠하는 데 많은 도움을 준다. 우리는 중국인들이 현재를 어떻게 보는지 정확하게 알아야 한다. 불만과 반대가 많기는 하되 혁명을 원하는 중국인은 거의 없다. 잃을 것이 너무 많기 때문이다.

그렇다면 결론은? 중국의 정치체제는 억압적이며 앞으로도 많이 진화해야 한다. 하지만 계속되는 경제성장 과정에서 정치체제만 변하지 않을 것이라고 가정하는 것은 불합리하다. 이 말은 정치적 혼란이 중국의 부상을 가로막거나 상대적 권력 변화에 영향을 줄 것이라는 기대를 품어서는 안 된다는 의미다. 뿐만 아니라 경제적 · 인구통계학적 · 환경적 요인 때문에 중국의 경제성장이 늦춰져 미국에 대한 도전이 중단될 것 같지도 않다. 몇 년 안에 중국은 미국을 제치고 세계 최대 경제국으로 올라설 게 확실하다. 이것은 미국과 중국에게 매우 중대한 순간으로 기억될 것이다. 중국이 언제 정확히 미국을 추월할지는 중국의 GDP를 어떻게 측정하는지, 향후 두 나라 경제가 어떻게 돌아가는지에 달려 있다. 하지만 어떤 방법이든 양국의 GDP는 비등해진 상황이며 어쩌면 미국은 이미 추월당했을지도 모른다.

2011년 국제통화기금IMF은 중국 경제가 2016년에는 미국을 추월할 것으로 전망했다. 반면 영국 시사주간지 〈이코노미스트〉는 그 시점을

2018년으로 내다봤다.[10] 시기의 차이는 중요치 않다. 게다가 사실상 그리 큰 차이도 아니다. 미래에 중국이 얼마나 굳건하게 경제성장을 이룰 수 있는가는 미국이 처한 전략적 선택과 점차 무관해지고 있다. 중국 경제는 이미 미·중 간 경제적 힘의 균형을 근본적으로 바꿀 만큼 엄청나게 성장했다. 중국은 미국의 지위에 도전할 수 있을 정도로 부를 축적했다.

이런 경향이 중국에 유리할 것이라는 예측에는 근거가 있다. 중국이 미국을 추월하는 순간은 곧 올 뿐 아니라 그 시점에(몇 년 안에 이뤄지겠지만) 중국은 상당한 부를 축적할 기회를 갖게 될 것이다. 만일 중국의 1인당 평균 소득이 경제협력개발기구OECD 수준까지 도달한다면 중국 경제는 미국의 3배 규모로 커진다.[11] 이런 상황은 더 이상 상상 속에서만 가능한 일이 아니다.

중국은 계속 강해질 것인가?

회의론자들은 중국이 앞으로 부유해지더라도 그만큼 강력해질 수 있을지 의구심을 드러낸다. 늘어나는 중국의 부富가 미국에 도전하는 데 필요한 전략적·정치적 힘을 가져다줄까? 많은 사람은 그렇지 않다고 생각한다. 그들은 미국의 힘이 경제 규모 이상의 것에서 비롯된다고 주장한다. 미국의 제도와 압도적인 기술력·군사력 등이 힘의 원동력이라는 논리다. 물론 GDP 하나만으로 기술 등 다른 요소에 맞설 수는 없다. 최근 미국의 GDP 우위가 약화되면서 GDP는 기껏해야 국력을 나타내는 일부 지표에 불과하다는 주장이 여럿 제기되었다. 확실히 이 주장은 어느 정도 일리가 있다. 하지만 미국에 비해 늘어난 중국의 생산력이 양국 간 균형추를 심각하게 바꾸기 힘들 거라는 논리는 황당한 주장에 불과하다.

사실 이것은 권력의 속성에 관한 문제다. 국력은 많은 요소로 이루어져 있으며 여러 방법으로 사용될 수 있다. 그렇지만 역사적으로 볼때 한 가지 근본적인 요소가 반드시 필요한데, 그게 바로 온전한 경제 규모다. 어떤 국가도 막대한 부의 축적 없이 강력한 권한을 행사하지 못했다. 2차 대전 이후 일본은 아마도 거의 유일한 예외일 것이다. 국력을 과시하는 데 있어서 경제력만한 것은 없다. 이 말은 힘이 경제력만으로 결정된다는 뜻이 절대 아니다. 부를 권력으로 전환하는 데 있어 다른 나라보다 탁월한 사례도 종종 있기 때문이다. 나중에 살펴보겠지만 한 국가가 처한 환경이나 목표뿐만 아니라 정치, 전략, 군사, 산업적 기술과 독창성 등 많은 요소들이 국력을 결정한다. 미국은 의심할 나위 없이 많은 이점을 갖고 있지만, 매우 중요한 한 가지 요소에서는 중국이 유리하다.

자, 이제 중국이 경제적 역량을 어떻게 다른 형태의 권력으로 전환했는지 살펴보자. 가장 먼저 꼽히는 분명한 사실은 경제성장이 중국의 정치·외교적 영향력을 증가시켰다는 점이다. 중국은 경제개방

문제는 돈이다. 머지않아 중국 경제는 미국을 앞지르고, 커진 경제력에 비례하는 아시아의 지분을 미국에 요구할 것이다. 2010년 5월 20일, 중국 안후이 성 허베이에 있는 중국공상은행의 한 직원이 위안화 당 달러를 계산하고 있다.

을 함으로써 아시아를 비롯한 많은 국가의 가장 중요한 경제 파트너로 부상했다. 이들 나라에게 중국과의 관계는 미래를 좌우하는 핵심으로 자리잡았다. 당연히 상대국들은 중국과의 이해관계를 민감하게 받아들일 수밖에 없는 상황이 되었다. 호주가 좋은 사례다. 호주에게 중국은 오늘날 가장 큰 교역 상대국으로 미래 경제성장에 있어서 기관차나 다름없다. 이 때문에 호주는 중국과 매우 호의적인 관계를 맺고 있다. 정부와 기업 간 밀접한 관계를 지렛대 삼아 중국은 종종 외교적 목표를 쉽게 달성하곤 했다. 상호의존은 서로 상반되는 효과를 불러오고 어느 한 쪽만 유리해지므로 안심할 수 없다. 다시 말해 각각의 무역 파트너는 중국에 심각하게 의존하는 반면 중국은 그들 국가에게 훨씬 덜 의존하기 쉽다. 단기적으로 호주가 철광석과 석탄을 중국에 팔고 싶어하는 만큼 중국이 호주의 물건을 구매하고 싶어할까. 장기적으로 볼 때도 호주가 중국만큼 크고 새로운 고객을 찾는 것보다 훨씬 쉽게 중국은 또 다른 석탄 공급처를 찾을 수 있다. 이 때문에 다른 국가와 마찬가지로 호주는 자국의 거대한 경제적 이해를 위해 중국의 핵심 관심사를 존중하려 노력한다.

아직까지는 중국이 이런 방식을 자주 활용하지 않았기 때문에 그들의 외교적 영향력이 얼마나 되는지 평가절하 하기가 쉬웠다. 10년 또는 그 이상 기간 동안 중국의 외교 전략은, 아시아에서 이웃국가의 끊임없는 우려를 불식하는 것이었다. 특히 중국에 대한 경제적 의존도가 높아지더라도 정치적 리스크는 없을 것이라는 점을 설득하는 데 집중했다. 중국이 자신의 힘을 드러내기 시작한 건 이제 겨우 2~3년 남짓이며, 설령 힘을 쓰더라도 그 위력을 다른 국가가 목격하는 걸 매우 조심스러워했다. 이는 중국의 힘을 달리 과시할 수 있는 외교적 기술면에서는 훨씬 나은 방법이 됐다.

1990년대까지 중국의 외교는 딱딱하고 교조적이며 위협적이고 방어적이었다. 이후 중국은 좀더 개방적이고 설득력 있는 방식으로 국제 업무를 수행하기 시작했다. 중국 외교관들은 유창하게 외국어를 구사하고 포용력 있게 변화했다. 중국은 국제 무대를 효율적으로 활용하는 방법을 터득했고 위협이 아닌 기회의 장으로 인식하기 시작했다. 또 가끔은 단기목적을 희생하면서까지 놀랍게 적응해 유순하고 위협적이지 않는 강대국이라는 중국의 이미지를 만들어냈다. 물론 중국은 여전히 가혹하고 위협적인 외교를 구사할 수 있으며 그럴 만한 이슈도 있다. 가령 대만 문제의 경우 이성적인 판단은 발붙일 틈이 없다. 최근 남중국해 문제를 놓고 외교적 수단마저 외면한 채 보인 중국의 강경한 태도는 동남아 국가에 매우 강력하고 공격적인 인상을 줬다. 하지만 중국이 설득력 있는 대안을 제시하고 효과적인 외교력을 통해 자신의 지위에 맞는 지원을 이끌어낼 능력조차 없다고 생각한다면 오산이다.

많은 이들은 그럼에도 사회 자체의 매력이나 문화, 생각과 이념 등으로 구성된 '소프트파워' 분야에서 미국은 중국에 비해 월등한 우위를 보인다고 주장한다. 중국이 부유해졌다는 주장이 사실이더라도 여전히 존경받기에는 부족한 게 많다는 얘기다. 맞는 말이다. 미국의 방식을 모방하고 싶어하는 나라는 많지만 중국을 모방하는 나라는 거의 없다. 하지만 이런 현실에 안주해서는 안 된다. 중국이 발전할수록 국가의 매력도 상승할 것이다. 중국 제품의 이미지는 더 좋아지고 영화 역시 재미있게 만들 것이며 대학도 경쟁력을 갖출 것이다. 조지프 나이 하버드대 석좌교수가 미래 힘의 원동력으로 소프트파워 개념을 처음으로 소개했을 때보다 미국의 정치 · 경제 제도는 어쩌면 빛이 바랬다. 역사적인 전례를 봐도 소프트파워가 그리 큰 힘이 된 것은 아니었다. 영국의 경제적 우위가 흔들리자 유형의 전략적 자산 손실을 상쇄하기 위해 영국은 자신만의 '명망'(오늘날 소프트파워라 부르는 것을 당시 영국은 그렇게 불렀다)을 강화했다. 그럼에도 불구하고 영국인들은 부와 권력의 실체가 사라지고 나면 '명망'이 아무런 도움이 안 된다는 사실을 깨달았을 뿐이다.

게다가 소프트파워가 미국을 위해 진정 무엇을 했는지 파악하는 것도 쉽지 않다. 만일 경쟁이 격화되고 아시아의 작은 나라들이 미국을 얼마나 지지해야 할지 냉혹한 선택의 순간을 맞는다면, 중국에 맞서 미국의 뜻대로 결정하는 데 소프트파워가 얼마나 결정적인 역할을 할까? 베트남과 인도네시아, 호주는 확실히 중국보다 미국을 좋아하고 신뢰한다.

하지만 자신의 이해관계를 넘어서는 부분에서까지 미국을 지지하도록 소프트파워가 영향력을 발휘할까? 미국의 소프트파워는 다른 국가들이 중국보다 미국을 더 선호하도록 만들 수는 있다. 하지만 그들이 자신의 이해관계를 고려하지 않고 미국을 더 지지하도록 기능한다는 의미는 절대 아니다. 미국의 소프트파워가 중국의 강력한 경제적·전략적 힘을 넘어설 것(우리는 이 문제를 5장에서 다룰 것이다)이라고 생각한다면, 그건 매우 위험한 착각이다. 다른 아시아 국가에 대한 미·중 양국의 영향력은 많은 이들이 생각하는 것처럼 미국에게 반드시 유리하지 않다.

군사력에도 똑같은 원리를 적용할 수 있다. 다른 분야에서 무슨 일이 일어나든 미국은 최후 수단인 군사력에서 압도적인 우위를 점한다고 생각하기 쉽다. 확실히 미국의 국방예산은 중국보다 많고 미군은 질적으로나 능력 면에서 훨씬 우세하다. 또 세계 어디에나 군사력을 투입할 수 있는 미국만의 능력을 중국이 따라가지 못한다. 이런 현상이 오랫동안 계속될 것이라는 사실은 자명하다. 최근 몇십 년 사이 중국의 국방비가 비약적으로 증가해 세계 2위를 차지하고 있지만 미국에 비하면 여전히 적다. 마찬가지로 빠르게 성장하는 중국의 해·공군력은 아직 미국에 견줄 바가 아니다. 따라서 중국이 국방비를 얼마나 쓰고 현재 무엇을 갖고 있으며 향후 10~20년 안에 무엇을 가지려 하든, 군사력 분야에서만큼은 미국이 중국을 압도할 것이다.

그러나 국방예산이나 전쟁무기 비교는 논외로 하고, 가장 중요한 시점에 중국이 무엇을 할 수 있는지 고려해보면 군사적 균형추는 많이 달라진다. 4장에서 다루겠지만 미·중 간 군사력 다툼은 매우 비대칭적非對稱的인 성격을 띤다. 그리고 모든 비대칭은 중국에 유리한 방향으로 작용할 가능성이 높다. 미국의 군사적 이점은 사람들이 생각하는 것보다 많지 않다. 중국은 이미 미국이 지닌 군사적 이점을 야금야금 갉아먹었고 우월적 지위의 근간을 약화시켰다. 그렇다고 당장 미국을 종이호랑이로 만드는 것은 아니지만(그건 시간이 오래 걸린다), 미국의 비용 및 대결 위험성을 상승시킨다. 중국의 성장과 함께 더 뚜렷해질 이런 경향은 미 국방예산에 대한 재정 압박을 부채질한다.

중국은 도전을 택할까?

중국의 경제성장은 고스란히 전략적·정치적 패권으로 전환되고 있다. 중국은 그 힘으로 무엇을 할까? 한 가지 공통적인 전망은 힘을 아주 조금만 사용할 것이라는 예측이다. 일각에서는 중국이 절정기를 위한 리더십을 준비하지 못했다고 주장한다. 강대국에 걸맞은 의무감과 책임감을 받아들이길 주저하며 모든 것을 미국에 떠넘기려한다는 얘기다. 이는 절반 정도는 맞을 것이다. 중국은 동아시아와 서태평양 지역 외에서 지도적 역할을 수행하는 데 관심을 보이지 않는다. 하지만 미국이 정한 의무감과 책임감 등 리더십의 부담을 중국이 떠안지 않는다고 해서 중국이 설정한 의제를 추구하는 데에서도 마찬가지일 거라고 혼동해서는 안 된다. 중국 관점에서 볼 때 미국이 정한 리더 국가의 책임감은 미국의 이익을 대변할 뿐 중국의 이해를 반영하는 게 아니다. 중국은 자신의 이해관계와 부합하지 않는 미국 주도의 국제질서를 수호하기 위해 힘을 낭비하느니 자국의 이해가 충족될 수 있는 곳에 힘을 집중할 것이다. 중국 국민은 절정을 즐길 만반의 준비가 돼 있다. 다만 자신만의 방식으로 즐기겠다는 것이다.

미국에 대한 어떤 도전도 자국의 경제적 이해관계와 배치되기 때문에 앞으로도 중국은 아시아에서 현상유지를 할 것이라는 주장도 강력하게 제기된다. 세계화된 사회는 경제적으로 밀접하게 상호의존할 수밖에 없다. 따라서 중국이 전략적 경쟁구도를 심화하는 위험부담을 무릅쓰는 건 불가능하다는 논리다. 무엇보다 중국 지도부는 국리민복國利民福을 위해 경제성장을 지속하고 공산당 지배체제를 공고히 해야 한다. 이를 위해서는 안정적 국제환경과 원만한 대미對美 관계가 필수적이다. 그러므로 중국은 미국의 우월적 지위를 받아들임으로써 안정적 국제환경을 조성하고 우호적인 대미 관계를 유지하는 것이 최선이라는 논리다.

이 주장은 제법 설득력이 있다. 단언컨대, 중국은 경제성장을 최우선 순위로 둘 것이다. 이를 위해서는 국제적 안정이 필수적이다. 그리고 이것은 힘을 구사하는 방식과 대미 관계 설정에도 강력한 영향을 미친다. 하지만 이 주장은 자국의 지위에 대한 중국의 사고思考에 경제성장을 향한 욕구만이 영향을 미친다고 가정하는 우를 범한다.

중국의 우선순위는 그것보다 좀더 복잡하다. 경제성장은 확실히 중국에게 중요한 목표이되, 유일한 것은 아니다. 중국 지도부는 조국이 부유하길 원하지만 동시에 강력해지고 존중받길 희망한다. 세계 리더가 되길 바란다. 새삼스러운 얘기가 아니다. 19세기 중반 개혁주의자들이 중국에서 서방을 쫓아내는 꿈을 꾸었을 때(변법자강운동이 대표적이다) 그들이 내세운 슬로건은 간단했다. 중국을 부강하게 만들어 아시아의 리더로 군림하던 옛 지위를 회복하자는 것이었다. 그들의 후손이 오늘날 이런 야망을 품지 않다면 그게 더 놀라운 일이다.

중국 국민들도 다른 나라 국민처럼 매우 애국적이다. 짐작컨대 중국인들은 조국이 부강해지고 더 많은 역할을 맡아 세계 각지에 영향력을 행사하고 존중받길 갈망한다. 부상하는 다른 강대국 국민과 하등 다를 게 없다. 영국이나 미국, 독일, 일본, 소련 국민 모두 자신의 전성시대에 조국이 경제성장을 바탕으로 국제적 영향력을 확보하길 원했다. 왜 우리는 중국 국민이 다르기를 바라는 것일까? 사실 중국 국민의 야심은 강렬하면서도 조심스럽게 배양된 역사의식에 의해 증폭되었다. 그들은 중국의 미래 지위에 대해 생각하면서 조국의 특별한 과거 및 일본과 서방의 손에 휘둘린 치욕, 현재의 주목할 만한 성과, 찬란한 미래를 매우 강하게 의식했을 게 분명하다. 중국인의 애국주의가 지나쳐 민족주의나 심지어 맹목적 애국주의로 변질되는 것도 놀랍지 않다. 다른 나라에서도 종종 일어났던 일들이 아닌가.

이 점은 중국 지도부가 대미 관계나 아시아에서 자신의 역할을 설정하고 결정할 때 단지 경제적 이득만을 고려하지 않는다는 사실을 의미한다. 다시 말해 중국 지도부는 조국의 힘과 영향력, 지위를 구축하기 위해 무엇이 효과적일지 다각도로 검토하고 진지하게 선택한다. 다른 강대국 지도자와 마찬가지로 중국 지도부 역시 때로는 경제를 희생해서라도 조국의 힘과 지위를 향상시킬 수 있다고 믿는 결정을 내리기도 한다는 얘기다.

요점은 긴요한 문제들이 상충할 경우 중국이 어떻게 균형을 잡을 것인가이다. 정치적 지위나 전략적 무게감을 위해 경제 궤도가 수정되는 위험을 어느 정도까지 무릅쓸 수 있을까? 이는 가늠하기 힘들다. 중국 지도부는 지속적 경제성장이야말로 정치체제 신뢰의 핵심이며 힘과 영향력을 확장하는 데도 필수임을 그 누구보다 잘 이해할 것이다. 하지만 국내 분위기는 다른 분야에도 압력을 가할 가능성이 높다. 높아진 자부심과 자신감, 민족주의 정서로 무장한 국민은 중국이 커진 힘을 바탕으로 자기주장을 관철하고, 자국의 이해에 맞는 지역질서를 형성하며, 권리침해라 여겨지는 어떤 것에도 강력하게 저항하는 모습을 보여주길 바란다. 지속적인 경제성장 요구를 외면할 수 없었듯 중국 지도부는 이러한 국민적 기대를 무시할 수 없다. 나아가 지도부는 국민 못지않게 조국을 위한 야심을 품고 있으며 그 야심을 현실화시킬 수 있기를 고대한다.

그래서 중국은 고전적인 정책 딜레마에 빠졌다. 경제성장을 위한 안정적 국제관계와 동시에 중국의 힘과 영향력을 행사할 국제질서의 변화도 필요했다. 이런 딜레마는 모든 강대국이 다양한 형태로 겪었던 문제다. 서구 열강은 언제나 자신의 영향력을 확장하기 위해 국제 질서를 재편하려 애썼다. 물론 너무 탐욕스럽게 권력을 장악했을 때 발생할지 모를 불안정성과 갈등이 초래할 위험성은 최소화하길 바랐다. 영향력 확대 욕망과 질서 안정 사이에서 균형을 잘 잡는 것이 관건이었다. 히틀러나 나폴레옹 같은 극소수 지도자만이 안정적 질서에 대한 고려 없이 힘을 추구했다. 하지만 질서를 유지하기 위해 권력을 향한 모든 욕망을 포기한 지도자나 국민은 극히 드물다. 2차 대전 이후의 일본만이 유일한 사례가 아닐까 싶다.

중국 지도부는 지금까지 충돌하는 양쪽 요구를 조율하는 동안 아마도 아시아에서 정치적·전략적 안정을 유지하는 데 우선순위를 두었을 것이다. 그 사이 중국의 힘과 영향력 확장이라는 야망을 모두 포기할 일은 거의 없었으며 대신 미국의 우월적 지위에 따른 현상유지를 수용하기만 하면 되었다. 이런 상황이 앞으로도 계속 이어질까. 아마 그렇지는 않을 듯하다. 게다가 경제성장과 힘의 추구라는 문제와 관련해 중국이 선택할 수 있는 폭은 의외로 넓을 것 같다. 이제 중국은 자신이 지역질서에 도전할 경우 미국과 다른 국가로부터 경제적으로 고립될 것이라는 두려움을 가질 필요가 없다. 앞서 논의했듯이 이런 무언의 협박은 과거 한때 중국의 부상을 방지하기 위한 헤징정책의 핵심이었다. 하지만 현재 중국은 세계경제에서 매우 중요한 위치를 점한다. 중국은 미국의 리더십이 없다고 아시아가 무너지거나 혼란에 빠질 것이라고 생각하지 않는다. 오히려 자신의 리더십으로 아시아의 질서 토대를 공고히 할 수 있으며 그 쪽이 훨씬 낫다는 생각을 할 것이다.

중국의 관점에서 볼 때 아시아에서 미국의 지위를 분명하게 위협하지 않는 한 미국은 중국의 성장을 지원할 수밖에 없었다. 그것이 바로 중국이 커가는 자신의 힘과 야망을 감춘 이유다. 이는 덩샤오핑이 강조한 '도광양회韜光養晦' 전략과 일치한다.* 이제 분명하고 우뚝하게 성장한 중국은 자신의 팽창을 막기 위해 미국이 리더십을 동원하지는 않을까 두려워한다.

중국 입장에서는 그 교차점에 도착한 것처럼 보일지도 모른다. 과거 수십 년간 미국의 우월적 지위는 중국의 성장에 도움이 됐지만 앞으로는 그렇지 않을 수도 있다. 중국은 자신에게 도움이 된다고 믿는 한 미국의 지위를 받아들였다. 그러나 이제 얘기가 달라졌다. 중국은 인내심을 갖고 약한 척 때를 기다렸을 뿐 결코 야망이 없는 게 아니었다. 시간은 중국편이다. 미국이 주도하는 아시아 질서에 당당하게 도전하기 위해 오래 기다릴수록 중국의 지위는 자연스럽게 강화됐으며 자신의 목적에 맞게 더 좋은 위치에 자리잡았다.

---

* 도광양회韜光養晦는 일부러 몸을 낮추어 상대방의 경계심을 늦춘 뒤 힘을 기른다는 한자성어로 《삼국지연의》에서 기원한다. 덩샤오핑이 1989년 천명한 것으로 중국 외교정책의 기본으로 여겨졌다.

상호의존

경제적 이해관계 때문에 중국이 미국에 도전하는 건 불가능하다는 시각이 종종 광범위한 지지를 받는다. 경제적 상호의존의 중요성 때문이다. 독일의 철학자 임마누엘 칸트는 200년 전 국가 간 교역이 증가하면 갈등 비용 역시 커지며 반면 갈등의 동기들은 줄어들 것이라고 전망했다. 결국 교역은 경쟁관계를 만들고 전쟁은 사라지게 한다. 일각에서는 칸트가 냉전 종식 후를 제대로 예견했다고 생각한다. 지난 20년간 세계 주요 열강 사이의 관계는 참으로 안정적이고 평화로웠다. 이는 전례 없는 세계화의 물결 및 경제성장의 시기와 일치한다. 이것을 새로운 국제 현실의 징조로 봐야 한다는 주장도 나왔다. 즉 세계화가 평화를 가져왔고 이것은 거스를 수 없는 대세며, 미래의 평화는 최소한 강대국 사이에서는 확실하다는 것이다.

확실히 국가 간 교역과 투자가 많아질수록 갈등의 경제비용은 커지고 평화를 유지하기 위한 보상책도 더욱 강해진다. 오늘날 미·중 양국은 과거 어떤 나라보다도 더 경제적으로 상호의존하고 있으며 이런 상황은 양국의 경쟁심리와 야망을 통제할 것이다. 문제는 갈등으로 가려는 상황보다 통제력이 더 강한 역할을 할지 여부다. 상호의존성이 전략적·정치적 야망을 능가한다면 우리는 현재 미·중 양국 사이에서 벌어지는 현상을 보게 될 터이지만 그런 증거는 아직 많이 찾지 못했다. 지금까지 양국은 상대적인 힘이 어느 한 국가에서 다른 국가로 전이될 때 과거 강대국이 한 행동과 비슷한 패턴을 보이는 듯하다. 존 미어샤이머 시카고대 교수와 니얼 퍼거슨 하버드대 교수 등 비관론자들은 1914년 1차 대전 발발 이전 유럽 열강은 그 어느 때 보다도 경제적 상호의존이 심했으며 그 이후에도 거의 한 세기 동안 서로 의존했다는 점을 상기시킨다.[12]

주목할 만한 교훈은 상호의존은 지도자들이 정치적 야심을 억누르고 민족주의적 감정을 무시하도록 독려하지만 과감하고 정치적으로 위험이 따르는 조치까지 할 필요성을 제거하지는 못한다. 지도자들은 여전히 힘든 선택을 해야 한다. 지도자들은 종종 국제적 위상과 힘을 원하는 국민의 열망을 경제적 이해관계를 고려해가며 적절히 수용한다. 하지만 정치적·전략적 이해보다 경제적 이해관계를 앞세운 선택을 해야만 할 때, 이를 국민에게 드러내기는 매우 어렵다. 사실 대부분은 힘과 지위에 관한 문제가 불거졌을 때 경제를 우선적으로 고려하는 것을 부끄럽게 여긴다. 미국의 경제 이익을 지키기 위해 대만을 가지고 중국과 타협하겠노라고 말할 대통령이 어디 있겠나? 마찬가지로 어떤 중국 지도자가 자국민에게 대만 문제를 경제적 관점에서 미국과 논의하겠다고 주장할 수 있을까? 선택의 순간이 다가오면, 특히 국제적인 위기로 관심이 쏠리는 상황에서 경제를 우선순위에 놓기는 정말 힘들다.

여러 면에서 명백한 경제적 상호의존의 중요성은 그것이 상대국 최우선 과제에 대한 다른 국가의 시각에 영향을 미칠 수 있기 때문에, 경쟁의식 고조 위험성을 제한하기보다는 오히려 증가시켰다.

여기에는 다음과 같은 문제가 있는 듯하다. 양쪽 다 상호의존에 대한 압박을 상대방이 훨씬 심하게 느낄 것이라고 믿는 것이다. 그 결과 상대가 먼저 타협해올 것이라고 판단해 양쪽 다 손을 쓰지 않는 상태를 만든다. 미국은 중국이 라이벌 관계에 따른 경제적 위험성을 고려해 도전을 중단하고 물러설 것이라 기대한다. 중국 역시 미국이 똑같이 판단할 것이라고 믿는다. 이렇게 오히려 양쪽이 서로 절충하지 않고 경쟁을 격화시키는 방향으로 나아가는 것이다.

결국 상호의존의 역할에 대한 믿음은 다른 감정과 동기를 뛰어넘는 '돈의 힘'에 대한 믿음으로 요약된다. 아주 위험한 생각이다. 중국 지도부가 언제까지나 자국의 실제적 이득을 최대화하기 위해 이성적인 선택을 할 것이라고 장담할 수 없다. 그들도 다른 국가 지도자들처럼 국익이라는 이성적 계산을 집어치우고 지위와 영향력을 향한 비이성적 욕구, 또는 우리에게 그렇게 보이는 것을 추구할 수 있는 사람들이다.

경제가 중요하지만 돈이 다는 아니다. 사람과 마찬가지로 국가도 부유하길 원하지만 동시에 안전하고 편안해지길 바란다. 개인과 마찬가지로 국가도 안전과 정체성에 대한 갈망은 종종 물질적 이해관계와 충돌한다. 그리고 종종 물질적 이해관계를 뛰어넘기도 한다. 미국과 중국의 시각차는 양국의 국가 정체성 문제를 아주 깊게 건드리며, 중대 상황이 발생했을 때 이 문제가 경제적 긴급성을 쉽게 능가할 가능성이 있다. 상호의존이 두 나라 간 갈등을 약화시킬 것이라는 주장에는 경제적 이해관계가 정치적 욕구를 억눌러 전쟁의 공포를 없앨 것이라는 다소 이상한 가정이 깔려 있다.

왜 경쟁인가?

의문은 여전히 남는다. 왜 중국은 리더십을 두고 미국에 도전하는가? 중국은 무엇을 원하는가? 우리는 국가 간 갈등에 있어서 물질적·이념적 동기를 찾는 경향이 있다. 이런 동기들이 좀더 이성적으로 보이기 때문이다. 미·중 간에는 그런 것을 찾기 힘들다. 이 때문에 둘의 경쟁관계가 위험하다는 인식이 희석될 수 있지만 가장 격렬한 경쟁관계는 종종 보이지 않은 아주 작은 곳에서 출발하기도 한다.

강대국 사이에 명백한 라이벌 관계가 발생하는 가장 큰 원인은 영토를 둘러싼 갈등이다. 낙관주의자들은 대만 문제는 예외로 하고 미·중이 직접적으로 영유권 주장이 겹치는 부분이 없다는 사실에 위안을 삼는다. 실제로 중국은 현재 국경선을 넘어선 영토적 야욕은 없는 것처럼 보인다. 비관론자들은 논란이 되고 있는 동중국해나 남중국해를 포함해 이웃국가와 벌이는 끊임없는 영유권 분쟁을 지적한다. 이에 대해 낙관론자는 중국은 이런 논쟁을 성공적으로 관리했으며 현재 논란이 되는 지역 외에 다른 곳을 차지하는 일은 없을 것이라고 강조한다. 모든 것을 감안할 때 낙관주의자의 주장은 아마도 지금까지는 맞다. 중국의 취향이 앞으로 어떻게 바뀔지는 확신할 수 없다. 그렇지만 다른 요인이 없는 상황에서 중국의 영토적 야심이 미국과 갈등을 빚는 동기로 작용할 가능성은 크지 않아 보인다.

냉전 시기에 태어난 사람들은 강대국 간 경쟁의 잠재적인 근본 원인은 다른 이념과 세계관에서 기인한다고 여기는 경향이 있었다. 일부는 여기서 위안을 삼았다. 미·소 간의 이념 대립과 비교해볼 때 미·중 사이에는 이념적 분열을 볼 수 없었기 때문이다. 나머지 사람들은 조바심을 냈다. 주요한 이념적 차이를 봤기 때문이다. 누가 옳은가? 확실히 중국은 냉전 초기의 소련 및 공산주의 국가들과는 달리 미국과 서방 세계에 이념적으로 도전하지 않았다. 중국은 여전히 공산당 지배체제이지만 옛 공산당이 보였던 국제적 야심과 공산주의를 전파하려는 열정을 보이지 않았다. 현재 중국 공산당은 공산주의가 문제 해결의 정답이거나 인류 미래의 열쇠라고 주장하지 않는다. 공산당 초기 지도부들처럼 공산주의 이념을 정치적 영향력을 확대하는 도구로 사용하지도 않는다. 만일 그랬다면 중국은 실패했을 것이다. 공산주의는 냉전이 끝나기 훨씬 전에 서방 정치에 위협이 되지 않았다. 그리고 다시 부활할 것 같지 않다.

확실히 오늘날 중국 정부가 공산주의 이념에 따라 어떤 식으로든 국익에 반하는 대외정책을 펼 가능성은 없어 보인다. 중국 공산당이 대체로 공산주의 이념 자체를 포기했기 때문이다. 마르크스와 레닌이 만든 잔재 중 남은 것은 철저한 일당 독재뿐이며 이 체제는 중국만의 독특한 국가 주도 시장자본주의 모델로 적응해나갔다. 중국이 자기만의 독특한 방식을 해외에서 발전시키길 원한 적은 있었다. 하지만 그것은 중국식 모델을 다른 국가로 전파해 영향력을 행사하겠다는 의도라기보다는 미국의 이념적 전도에 대항하는 심정으로 꺼내든 내키지 않는 패로 보였다. 이는 미·중 간의 중요한 차이를 그대로 반영했다. 두 나라 모두 자신을 예외로 여겼지만 미국은 그들만의 예외적인 힘과 미덕을 다른 국가가 모방하는 것으로 바라본 반면, 중국은 자신의 것을 아무나 흉내낼 수 없는 독특함의 증거로 여겼다. 미국인은 여전히 모든 나라가 미국처럼 되기를 희망하지만, 중국인은 아무나 중국처럼 될 수 없다고 믿는다.

어떤 이들은 양국이 영토나 이념 같은 것에 초점을 맞추지 않는다면 에너지와 다른 자원 부문에서 경쟁구도를 이룰 거라고 예상하기도 한다. 인도 등 다른 신흥국가와 중국의 경제성장이 감당하기 힘든 정도의 자원 수요를 불러일으켜, 그 결과 경제 분야의 갈등이 전략적 분야로 확대될 것이라는 주장이다.

그러나 이는 세계화된 경제체제의 작동 방식을 간과한 주장이다. 산업화 초기 단계에서 상품과 자원 교역은 한정된 라인에 따라 여러 강대국과 식민지 사이에 이뤄졌다. '국력이 강하면 무역도 발전한다'*

---

* 자국 선박이 기항하는 곳에 새로운 시장이 개발되고 수출입이 이뤄진다는 뜻이다.

는 말이 있고 그 반대 역시 성립한다. 최근 수십 년간 이룬 가장 큰 업적은 한정된 세계화 대신 국력과 상관없이 개방적인 교역체계로 대체되었다는 점이다. 교역은 가격과 질, 효용성에 따라 결정됐다. 이로 인해 세계는 더 풍요로워지고 지금껏 한 번도 본 적 없을 정도로 커다란 세계 경제권이 형성돼 서로를 의존하게 됐다. 요즘 같은 세상에 어떻게 중국이 미국의 철광석을 착취해 이득을 얻어내겠는가? 또 어떻게 미국이 중국의 기름을 빼앗아 상업적 이득을 취할 수 있겠나? 다시 말해 우리 모두가 의존하는 하나의 거대한 세계 경제권만이 있을 뿐이다. 중국, 인도 같은 대국이 계속 성장한다면 자원과 에너지 수요가 공급을 앞지르는 건 당연하고, 어쩌면 세계가 감당할 수 있는 수준을 넘어설지도 모른다. 이는 엄청난 자원 배분 문제를 유발하겠지만 경제가 세계화되는 한 시장이 가격을 통해 풀어나갈 문제이다. 그리 쉽거나 기쁜 일은 아닐지언정(기름 값이 배럴당 1000달러가 될 수 있기 때문이다) 상대적으로 자유롭고 열린 시장만 보존된다면 폭력적일 필요는 없다. 다시 말해 세계화된 사회에서 자원을 둘러싼 경쟁은 국가 간 갈등 고조의 원인이 될 것 같지 않다는 얘기다. 앞으로 살펴보겠지만, 갈등 고조가 원인이라기보다 전략적 라이벌의식이 더 큰 영향을 미칠 것 같다.

그리스 역사가인 투키디데스는 전쟁의 원인은 상당 부분 돈과 두려움, 명예라고 지적했다. 우리가 봐왔듯이 경제적 긴요성은 미·중 간 경쟁의식 고조의 원인이 되지 않는다. 오히려 그 반대다. 결국 양국의 다툼은 두려움과 명예의 조합에서 파생하는 듯하다. 오늘날 그것을 '안보'와 '지위'로 명명할 수 있겠다. 중국은 미국이 아시아의 리더로 계속 머물며 권한과 지위를 이용해 중국의 성장을 통제하고 영향력과 정치체제를 약화시키지는 않을까 두려워한다. 미국은 중국이 좀더 강해지면 아시아에서 자신을 밀어내고 세계적 지위를 차지한 뒤 결국 미국을 위협할 것이라고 두려워한다. 중국은 아시아의 리더(아마도 유일한 리더)로서, 나아가 미국과 동등한 열강으로서 대우받길 원한다. 그렇지 않을 경우 중국은 안전해질 수 없으며 그러한 지위야말로 자국 정체성의 핵심 중 하나라고 보기 때문이다. 중국은 스스로를 그렇게 평가한다. 반면 아시아 리더 역할을 고수하려 하는 미국은 중국을 대등한 국가로 인정하려 하지 않는다. 그 리더십이 미국이란 나라에게만 예외적이고 특수한 방식으로 부여된 국제적 역할이며, 다른 나라를 동등하게 대하는 것은 그 특수성과 양립할 수 없는 문제라고 믿기 때문이다.

미국이 지닌 이러한 믿음과 동기에 대해 문제를 제기할 수는 있지만 무시해서는 안 된다. 역사적으로 볼 때 신념과 동기는 종종 대규모 전쟁의 원인이었다. 아테네와 스파르타의 경쟁의식에 대한 투키디데스의 설명은 관심을 모은다. 펠로폰네소스 전쟁의 원인과 관련해 그는 "하지만 내 생각에 사람들 시선에서 벗어난 진짜 원인이 있다. 아테네의 패권이 커지면서 생겨난 스파르타의 경계심이 바로 전쟁을 불가피하게 만들었다."라고 적었다.[13]

중국이 원하는 것은 무엇인가?

중국의 도전이 정말로 심각하다는 나의 주장에 당신이 동의한다면 두 가지 중요한 의문이 떠오를 것이다. 먼저 중국은 어떤 지위와 얼마만큼의 권력을 원하는가? 두 번째, 권력을 갖기 위해 중국이 지닌 것은 무엇인가? 가장 우울한 가능성은 1945년 이후 동유럽에서 스탈린이 그랬듯 중국이 무력을 동원해 아시아 전역에서 가혹한 정권 통제체제를 구축하길 원할지 모른다는 것이다.

중국의 공산주의 정치체제가 스탈린의 전례를 전략적 목표로 삼을 수 있다는 예측은 누구에게나 가능하다. 이런 종류의 힘을 행사하고 싶어하는 중국인이 지금도 있고 앞으로 그 숫자가 늘어날 가능성도 높다. 중국이 강해질수록 주변 국가를 복속시키려는 유혹도 강해질 것이다. 사실을 말하자면 이런 가능성을 예방하는 것이야말로 중국 주변국과 아시아 미래의 이해관계를 생각하는 사람들의 주요 관심사였다.

그럼에도 불구하고 이런 위험성을 과장할 필요는 없다. 위험성이 증가할 수는 있을지언정 중국이 아시아에서 스탈린 스타일의 지배체제를 전파할 만큼 강력한 국가가 될 기회는 많지 않아 보인다. 이 지역에는 중국을 방해할 만한 강력한 국가가 많다. 대부분의 경우 곧바로 미국과 마주치게 될 것이다. 여러 문제에서 일본은 오랫동안 거대한 경제력과 첨단기술을 바탕으로 전략적 잠재력을 보였다. 인도 역시 현재 추구하는 꿈을 이룬다면 이 세기 중반 이전에 중국의 패권에 도전할 수 있다. 마지막으로 단순 경제력으로 중국에 미치지 못하고, 아시아의 특성상 주요 플레이어가 될 것 같지 않으며 중국이 언제나 조심스럽게 다뤄야 할 러시아도 가공할 군사력을 보유하고 있다.

중국은 이들 4개국 모두는 물론이고 심지어 한두 개 국가의 격렬한 저항에 맞서 아시아를 지배하는 일이 사실상 불가능하다는 사실을 알고 있다. 중국은 또한 자신의 패권 추구에 맞서 다른 강대국 편에 설 가능성이 높은 한국과 베트남, 인도네시아 등 몇몇 중견국가 middle power의 저항에 부딪힐 수 있다. 그럴 경우 우월적 지위 확보는 커녕 비용은 끝없이 들고 궁극적으로 이길 수도 없는 전쟁의 구렁텅이로 빠져들게 된다는 사실을 중국은 잘 안다. 지금까지 중국이 스탈린식 발자취를 따르는 징조를 보이지 않는 것은 국제관계의 추상적 약속보다 이런 상황을 중국이 잘 알고 있다는 것을 설명해준다.

물론 상황을 이해한다고 해서 중국이 아시아를 이끌어가고 싶은 야망을 품지 않는다는 의미는 아니다. 단지 리더십 모델로 스탈린 방식을 선호하지 않는다는 의미이다. 태평양 반대편 서반구에서 1823년 이후 우월적 지위를 유지해온 미국식 모델을 찾아볼 수 있기 때문이다. 먼로독트린 아래 미국은 적은 비용만으로 경쟁자를 배제하고 강력한 패권을 유지하는 방식으로 안보 위협요소를 최소화며 핵심 이익을 관철해왔다. 북미 지역에서 미국은 유화적인 리더십 아래 아무런 침략이나 오랜 군사적 정벌 없이 극히 작은 노력만으로 지역 리더십이 가져다주는 모든 혜택을 누렸다. 비록 중국 지도부가 리더십에 대한 자신의 열망을 명쾌하게 말한 적이 없음에도 이것은 아주 매력적인 방식임에 틀림없다. 사실 중국은 '조공체제'라 불려온 자신만의 '먼로독트린'으로 서구 제국주의보다 더 값싸게 확실한 리더십과 안보를 향유할 수 있다. 그것은 중국의 황실체제가 자연스럽게 진화한 것으로 보일 수도 있으며 어떤 의미에서는 중국의 부상과 함께 허물어지는 미국의 우월적 지위와 연관되어 해석될 수도 있다.

하지만 중국이 자신만의 먼로독트린을 실행할 수 있을까? 나머지 아시아 국가를 설득해 엄격한 군주가 아니라 단호하지만 친절한 큰형님으로 중국을 받아들이게 할 수 있을까? 이것이 중국의 연륜^{年輪}이 처한 도전이다. 폭력으로 아시아를 지배하기에는 힘이 부족한 상황에서 중국은 설득과 압력의 능숙한 조합으로 지역 리더로서의 지위를 요구할 수 있을까?

이럴 때 바로 소프트파워가 중요하다. 아시아 국가들은 미국이 힘을 남용해 그들의 핵심 이익을 침해하지는 않을 것이라는 신뢰를 지니고 있었다. 그렇기 때문에 미국은 우월적인 지위를 향유해왔다. 중국 역시 수십 년간 이런 종류의 신뢰를 형성하기 위해 노력해왔다. 하지만 이런 노력은 완전하게 성공하지 못했다. 중국은 아시아 다른 국가로부터 일부 호감을 얻고 존경도 받지만 여전히 의구심을 품게 하는 대상이다. 중국이 리더십을 향한 야심을 격렬하게 드러낼수록 다른 아시아 국가는 중국을 믿지 않을 것이다. 시작이야 부드러운 먼로 스타일이었을지 몰라도 중국이 결국 스탈린주의식 침략으로 바뀔 수 있다는 두려움을 아시아인들은 떨쳐내지 못한다.

이런 두려움은 중국의 호의를 가장 많이 인정해야 할 아시아 국가에서 매우 강했다. 특히 일본이 그랬다. 새로운 중국의 지위를 받아들이도록 일본을 설득하지 못한다면 중국은 아시아에서 리더십을 발휘하기 위해 값비싼 대가를 치를 것이며 어쩌면 아예 불가능할 수도 있다. 그럼에도 불구하고 중국은 일본이 자국의 미래에 대해 안심하도록 하는 데 아무 노력도 하지 않았다.

그 다음 미국이 있다. 미국이 자리를 비켜주도록 설득을 해야만 중국은 아시아를 이끌어나갈 수 있다. 중국 경제는 미국의 우월적 지위를 빼앗을 수 있을 정도로 강력하게 성장했지만 여전히 미국의 반발을 억제하고 자신만의 우월성을 주장할 만한 능력에는 미치지 못하며 미래에도 그렇게 될 가능성은 높지 않다.

이 모든 것은 중국이 아시아에서 군사력이나 문화적 측면에서 유일한 리더가 될 기회가 적다는 것을 의미한다. 한국을 비롯한 중견국과 일본 등 강대국의 의구심을 고려해본다면 중국의 노골적인 리더십 요구는 잠재적으로 엄청난 비용과 위험이 따르는 지역 패권 경쟁을 유발시킬 것이다. 이를 고전적인 힘의 균형이라고 할 수 있다. 이는 중국을 딜레마에 빠지게 만든다. 현재 중국은 미국의 리더십 아래 종속적인 역할을 계속하기에는 힘이 넘치고 그렇다고 아시아를 이끌어 나가기에는 역량이 부족하다.

그러므로 많은 것은 중국 지도부가 이런 사실을 알고 있는지, 그들이 국민을 설득할 수 있는지에 달렸다. 중국 지도부가 아시아의 리더십을 놓고 미국과 동등하게 할당하는 수준에 만족할지 확신할 수는 없다. 중국 지도부가 미국보다 역할이 작은 리더십에 만족하지 않으리라는 점은 확실하다. 역할이 작은 리더십을 받아들인다는 것은 강대국 이하의 지위를 받아들인다는 얘기가 된다. 강대국이란, 자국의 이해를 충족하기 위해 국제질서에 영향력을 행사할 만큼 힘이 있다는 뜻이다. 강대국은 시스템의 작동 형태를 강제할 수는 없지만 자국의 시각은 반드시 반영시켜야 한다. 강대국이 아닌 나라는 이런 것을 하지 못한다. 강대국은 국제질서에서 하나 또는 다른 동등한 강대국을 인정할 수는 있다. 하지만 다른 강대국이 자신을 뛰어넘는 건 용납할 수 없다. 유럽의 국가체제에는 전통적으로 몇 개의 강대국이 포함돼 있었다. 그러나 왕조 중심이었던 중국은 자신의 전성기 시절, 다른 강대국을 인정한 경험이 없다. 그리고 먼로독트린 아래에서 미국 역시 서반구에서 다른 열강을 알아보지 못했다.

1972년 중국은 전술적으로 아시아에서 강대국 지위 요구를 포기했다. 현재 중국은 당시의 전술을 철회해도 좋을 만큼 강성하고, 강대국 지위는 중국에게 무엇보다 중요하다. 필요하다면 중국은 이를 위해 싸울 것이다.

THE CHINA CHOICE

문제가 얼마만큼 심각한 것이 될지는 미국이 아시아에서 무엇을 원하느냐에 달려 있다. 미국의 목적이 지금까지처럼 우월적 지위를 영구화하는 것이라면 중국에 해상통제권을 잃는 것은 큰 타격이다. 반면 그 목표가 균형자적 역할이어서 아시아를 지배하려는 중국의 능력을 제한할 뿐 자신의 지위를 영구화하려 들지 않는다면 상황은 그리 나쁘지 않다.

CHAPTER 4

군사 균형

현상유지 이전

미·중 군사 균형은 미국이 아시아에서 자신의 역할을 결정하고 선택하는 데 있어 매우 중요하다. 나아가 이 군사 균형이 단순히 군사력과 예산을 비교하는 차원을 넘어선다는 사실을 이해하는 게 중요하다. 두 가지 비교는 중국의 군사력이 얼마나 성장했고 미국의 군사력이 얼마나 더 강한지는 보여주겠지만 핵심을 간과하고 있다. 양국 미래 관계에 문제가 되는 것은 어떤 군사력을 보유하느냐가 아니라 그들이 군사력을 통해 언제, 어디서 무엇을 할 수 있느냐이다.

군사력 자체를 넘어 두 나라가 그것으로 얻을 수 있는 것은 무엇이며, 전략적·정치적 관계에서 어떤 의미를 갖는지 살펴봐야 한다. 두 나라의 군사력은 다소 다른 강점과 약점을 갖고 있다. 하지만 서로에 대해 사용할 수 있는 군사적 옵션들은 놀라울 정도로 비슷하다. 다시 말해 중국은 자신이 보유한 비대칭적 군사력을 이용해 미국의 선진화한 강력한 군대를 무력화시킬 수 있다. 그럼에도 급성장한 중국 군사력은 미국의 지위를 절대로 대체할 수 없다. 미국의 옵션을 제한하는 중국의 능력은 지난 수십 년에 걸쳐 놀랍도록 커졌지만 중국의 자유로운 행동을 제약하는 미국의 능력 역시 여전히 무시할 수 없는 상황이다.

아시아에서 미국의 전략적 위치는 언제나 강력한 해군에 토대를 두었다. 유럽과 달리 미국은 아시아 대륙에서 주목할 만한 지상 전력을 보유하지 않았다. 오히려 1세기 동안 서태평양에서 막강한 해군력을 보유했고, 그 기간 동안 어떤 나라도 미국의 지위를 감히 넘볼 수 없었다. 미국은 이른바 해양전략가들이 말하는 '해상통제Sea Control'를 구사했다. 해상통제란 항공모함과 해병 상륙부대를 안전하게 해당 지역 해상에 배치할 수 있는 능력을 말한다. 이런 '힘의 투사投射' 능력은 미국이 재빠르게 결정적인 병력을 동원해 어떤 분쟁에 군사적으로 개입하거나 중국의 해안, 가령 대만 해협과 같은 곳을 봉쇄할 수 있는 것을 의미한다. 1990년대까지 중국에게는 미국의 해상통제와 서태평양에서의 군사력 투사에 맞설 돈과 기술이 없었다. 또 중국의 전략적 우선순위는 다른 곳에 있었다.

1945년 이후 서태평양에서 미국의 압도적인 능력은 핵무기 보유에 따른 것이었다. 냉전 시기 유럽에서는 핵무기가 미국의 재래식 무기를 보완해주며 상당한 역할을 했다. 아시아에서 핵무기는 상대적으로 미국의 지위를 유지하는 데 큰 역할을 하지 못했다. 미국의 해·

공군력이 우세한 아시아에서는 그럴 필요가 없었다. 미국은 1950년 대에 여러 차례 라오스 내전* 및 대만 영토인 진먼다오金門島와 마주다 오馬祖島**사태와 관련해 중국에 핵공격을 하겠다며 위협했다. 이런 옵션은 1964년 중국이 핵무기를 보유하면서 사라지기 시작했고 1970년대 미국까지 핵무기를 싣고 도달할 수 있는 미사일을 개발하면서 완전히 없어졌다. 그렇지만 미국 대륙에 대한 중국의 핵 공습 능력은 여전히 상대적으로 미약했으며 냉전 시기 미국과 소련처럼 엄청난 위력의 핵무기 개발에도 나서지 않았다. 이런 것이 군사 균형의 주요소인 중국의 핵전력을 과소평가하게 했다.

균형의 변화

서태평양에서 미국의 군사적 지위는 오랫동안 의문의 여지가 없었다. 미군은 베트남전 이후 실전 경험은 물론 전투가 임박한 듯한 분쟁조차 없었다. 군사력을 시험할 수 있는 기회가 없는 상황에서 미국은 전략적 우위를 고수하기 위해 군사적 수단을 유지하는 걸 아주 당연

---

* 라오스 내전은 1950년 8월 공산당과 정부군 간에 발생한 것으로 공산당은 라오스 북동부를 장악하고 왕실 및 우파 민족주의자와 대립했다. 1975년 베트남이 패망하자 라오스 국왕도 퇴위하면서 사실상 라오스도 공산화됐다.
** 1958년 8월 중국이 44일 동안 두 섬에 대규모 포격을 가해 군인과 민간인 600여 명이 사망하고 2,600여 명이 부상당했다.

하게 여겼다. 그렇지만 1990년대 들어 중국의 군사 우선순위가 바뀌고 능력이 향상되면서 아시아에서의 군사 균형은 변화의 조짐을 보이기 시작했다. 여기에는 세 가지 원인이 있었다. 첫째, 중국의 방위비가 경제성장에 따라 증가했다. 둘째, 소련이 몰락하면서 중국은 육상 전력에서 해상 전력으로 우선순위를 바꾸었다. 셋째, 러시아와 나머지 구소련연방 국가가 군사기술을 적극적으로 판매하면서 군사기술이 과거보다 훨씬 더 빨리 발전했다. 그 결과 지난 20년간 중국의 해·공군 능력은 비약적으로 발전했다.[14] 핵심 질문은 다음과 같다. 중국이 해양력을 배양해 얻으려 하는 것은 무엇이고, 어디까지 성공한 것인가. 지금까지의 우월적 지위를 유지하기 위해 미국은 어떤 능력을 보여줘야 하는가 등이다.

중국의 의도에 대한 질문에는 세 가지 가능한 답이 있을 것이다. 가장 야심찬 답은 중국이 대양해군 능력을 목표로 할 수 있다는 것이다. 다른 말로 하면 인도양과 서태평양을 아우르는 항모와 해병부대 및 장거리 잠수함과 다른 해·공군력, 어쩌면 더 넓은 지역까지 방어하는 군사력을 갖춘다는 뜻이다. 중국이 이 같은 능력을 배양하려는 가장 큰 이유는 핵심 해상무역(특히 걸프 만에서의 석유와 가스 수입)을 보호하기 위해서다. 만일의 경우 인도나 미국 등 라이벌 국가에게 차단될 위협이 있는 취약한 곳이기 때문이다. 어쩌면 중국은 미국이 그랬고 소련이 시도했듯이 연안沿岸에서 벗어나 정치적 영향력을 좀더 확대할 수 있는 힘을 열망할지도 모른다. 적어도 당분간 서태평양에

중국 최초의 항공모함인 랴오닝 호.　　　　　　　　　　　出처: 중국군사도편중심

서라도. 동아시아(그 이상은 아니고)에서라도 리더가 되고 싶은 중국의 열망을 이렇게나마 실현하고자 할 것이다. 마지막으로 중국은 대양 해군 건설이라는 목표 대신 단지 서태평양에서 미국의 군사적 위력을 약화시키려 할지도 모른다.

느리지만 꾸준한 항모 개발 프로그램 등 중국의 일부 계획은 미국을 본떠 해군력을 이용해 지역 리더십을 구축하려는 장기적 야심을 보여준다. 그렇지만 이것이 목표라면, 중국은 여전히 갈 길이 멀다. 중국은 현재 가장 수수한 목표에 근접해 있지만 자체만으로도 큰 의미가 있다. 다시 말해 서태평양에서 미국의 군사적 위력을 제한하는 것만으로도 중국은 미국의 군사기반을 약화시키고 근본적으로 아시아의 전략적 질서에 도전하는 셈이다. 중국은 이미 이 목표를 달성하기 위해 출발했다.

지난 20년에 걸친 중국의 해·공군력 발전은 1945년 일본의 패전 이후 아시아 국가로는 처음으로 미국이 장악하고 있던 서태평양 해상통제에 가장 큰 위협이 됐다. 이는 주목할 만한 현상이었다. 불과 몇 년 전만 해도 사람들은 미국이 세계 어느 곳이든 적대 세력에 맞서 결정적인 군사력을 쉽사리 파견할 수 있다고 말했다. 물론 그것은 이라크와 아프가니스탄 전쟁이 증명하듯 언제나 과장된 것이었다.

이러한 과장은 군사력의 속성을 오해하면서 빚어졌다. 미국은 세계 최대의 국방비와 최첨단 기술, 가장 많은 전함과 항모를 보유하고 있다. 어떤 대결에서도 미국은 언제나 중국에 앞선다. 서태평양에서 양국 간 군사적 다툼은 게임이 안 된다. 하지만 여러 점에서 비대칭적인 이 불균형이 오히려 중국에 유리하도록 군사적 불균형을 상쇄한다.

첫 번째, 미국은 세계 많은 곳에서 서로 다른 이해관계와 목표를 추구하는 초강대국이다. 반면 중국은 현재도 그렇고 적어도 앞으로 수십 년간 주로 아시아의 이해관계에만 집중하는 아시아의 강대국이다. 명실상부 동아시아 최강국인 중국의 이해관계는 아시아 대륙 국경선과 서태평양 연안 지역에 집중돼 있다. 이는 중국의 전략적 무게가 아시아에 한정된 반면 미국은 전 세계에 퍼져 있다는 것을 의미한다.

두 번째, 중국은 자신의 앞마당에서 미국과 경쟁을 벌인다는 이점을 안고 있다. 미국의 군사력은 반드시 태평양을 건너야만 전개될 수 있으며 괌이나 오키나와 같은 곳까지 넓게 퍼져 정치적으로 안정성이 떨어지고 목적에 맞게 활용하기도 힘들다. 이런 점들이 서태평양에서 군사작전을 전개하는 데 많은 차이를 만들며, 중국은 위치상 불리한 미국보다 더 적은 노력으로 큰 결과를 달성할 수 있음을 의미한다.

세 번째이자 아마도 가장 중요한 사실은, 중국의 주된 작전 목표가 미국과 전혀 다르며 훨씬 쉽고 값싸게 목표를 달성할 수 있다는 점이다. 우월적 지위를 얻기 위해 미국은 외교력으로 자국의 의지를 관철하고 이런 노력이 실패로 돌아갔을 때를 대비해 항모와 해병부대로 대표되는 물리적 군사력을 보유해야만 한다. 미국은 특히 바다에서 적의 여하한 공격으로부터 병력을 보호해야만 한다. 중국에게는 좀더 쉬운 과제가 있다. 즉 해상통제가 아닌 '해상억지력Sea Denial 海上抑止力'이다. 해상억지력이란 언제 어디서든 중국이 미군을 공격할 수 있는 능력을 말하며, 이것만으로도 미국의 행동을 억제하기에 충분하다.

지리적 이점만 활용한다면 해상억지력은 해상통제보다 간단하고 값싸게 목표를 이룰 수 있다. 이유는 명백하다. 항모 및 수륙양용 강습함정과 같은 주요 공격용 함정은 그에 맞서는 다른 수단보다 쉽게 발각되고 파괴된다. 이들 선박은 비교적 넓게 펼쳐진 해양과 같은 2차원적인 공간에서 거대한 크기와 느린 속도로 인해 쉽게 노출된다. 특히 레이더 기술이 향상된 최근에는 더욱 더 그렇다. 위치가 발각되면 항모 등은 쉽게 공격받는다. 장거리 대함 크루즈 미사일이나 장거리 탄도미사일이 대량으로 발사될 경우 막아내기가 매우 힘들다. 항모와 같은 주요 목표물의 방어를 뚫기 위해 많은 미사일을 발사하는 건 이 때문이다. 무엇보다 잠수함은 탐지하기 힘들고 어뢰 공격도 치명적이기 때문에 함정에 심각한 위협이다. 특히 재래식 잠수함의 경우 많은 한계가 있음에도 불구하고 탐지하기 힘들며 공격 능력이 탁월해 매우 효과적인 공격 수단으로 간주된다. 어쩌면 다른 어떤 요인보다도 잠수함이 지닌 은밀성과 잠수함 공격에 취약한 선박 간의 불균형이 오늘날 해상억지력과 해상통제라는 비대칭성의 뿌리가 됐다. 최첨단 기술이 잠수함 탐지 능력을 비약적으로 향상시키지 않는 한 재래식 잠수함의 비대칭성은 계속될 듯하다.

마지막으로, 서태평양에서 미·중 이해관계 심화에 따른 불균형이 있다. 아무리 세계화된 세계일지라도 특정 국가의 전략적 공약들 Strategic Commitments은 지리적 영향을 많이 받는다. 미국의 가장 강력하고 지속적인 공약들은 북미 대륙에 집중돼 있었다. 마찬가지로 중국의 공약들 역시 서태평양과 아시아 대륙에 집중돼 있다. 이는 미국의 명운이 북미 대륙에 달렸듯 아시아에서 중국도 같은 처지임을 의미한다. 그래서 모든 것이 동등하다면 중국은 아시아에서 미국보다 더 많은 비용과 위험부담을 감수할 것이다. 양국의 군사 능력이 비등해질수록 이러한 이해관계의 불균형은 전쟁이냐 평화냐의 최후 고려에서 더 중요해지고, 장기적 판단에도 더 많은 영향을 미칠 것이다.

중국은 무엇을 얻었나?

현재 중국은 15년 전에 비해 미국의 전함을 탐지·공격하는 능력이 향상됐다. 이로 인해 중국이 개입된 분쟁에 미국이 항모나 해병부대를 보낼 때 위험성은 상당히 증가했다. 많은 경우 중국이 해상억지력을 행사하는 곳에 항모와 같은 소중한 자산을 보내는 것은 미국이 실행할 수 있는 전략적 옵션이 아니다.

중국이 이런 능력을 어떻게 키웠는지 서술한 책은 많지만 이를 상세히 논의할 필요는 없다. 주요 발전들은 너무나 명백하다. 첫째, 중국은 소음이 적은 현대적인 재래식 잠수함 개발에 많은 투자를 했고 핵추진 공격용 잠수함에 대한 투자도 확대하고 있다. 이 잠수함들은 미국에 비해 성능과 운용 능력이 떨어지지만 동아시아 연안에서 미국 함정을 위협하기엔 충분하다. 둘째, 중국은 4세대 전투기를 제작하고 관련 부대를 확대했다.* 전투기와 전투기가 싸울 경우 미국의 상대가 되지 못하지만 해양방어선 근처에서 작전을 한다면 중국 전투기 숫자가 많아질 것이다. 미국 랜드연구소는 중국의 지리적·수적 우세에 맞서 대만 해협에서 공중전이 벌어졌을 경우 미국이 승리하기는 매우 힘들다고 전망했다.[15] 셋째, 중국은 재래식 크루즈 미사일보다도 더 치명적이며 항모와 같은 주요 목표물이 방어하기 힘든 대함 탄도미사일을 개발한 것으로 알려졌다. 넷째, 중국은 미국의 정찰·통제시스템을 무력화할 수 있는 능력뿐만 아니라 미국 전함을 감시할 수 있는 능력 제고에도 효율적인 투자를 했다.

이런 모든 흐름은 안정적으로 구축되었고, 앞으로 더 강화될 것으로 보인다. 물론 중국은 1990년대 초반 이후 구소련 국가들로부터 수입한 첨단기술을 어떻게 사용하는지 배워야만 했고 이 기술을 자신만의 것으로 발전시키는 방법도 숙지해야 했다. 그리고 현재 배운 기

---

* 항공 전문지인 플라이트 글로벌사의 〈월드 에어포스 2013〉에 따르면 2005년 중국의 전투기는 2,000여 대였지만 4세대 전투기는 러시아제 Su-30 76대, Su-27 38대와 중국제 JH-7 40대를 포함해 150대 정도였다. 하지만 2013년 중국의 4세대 전투기는 J-10 206대, J-11·J-15 296대, JH-7 107대 등 600여 대다. 중국은 J-10 90대, J-11·J-15 121대, Su-35 48대 등 총 260대를 추가 주문했다.

술을 자신의 것으로 체화시키는 데 상당 부분 성공했다.

경제성장이 계속되는 한 중국은 가파르게 증가하는 국방예산을 지탱할 수 있을 것이다. 또 러시아의 위협이 되살아나지 않는 한 국방비의 상당 부분을 서태평양 해양력을 구축하는 데 사용할 것이다. 20년 뒤 중국의 실질적 국방비는 약 12%까지 늘어날 전망이다. 현재 미국이 GDP의 4.7%를 국방비로 쓰는 데 비해 중국은 2%를 투자한다.[16] 중국의 국방비는 여전히 미국의 5분의 1에 불과하지만 격차는 점점 줄어들고 있다. 위에서 언급한 대로 중국은 비대칭의 이점을 활용해 낮은 국방비용으로 미국의 이점을 무력화하는 동시에 자신에게 유리한 방향으로 군사적 무게감과 균형을 바꾸는 중이다.

마지막으로 과거 군사분쟁에서 미국과 중국이 보였던 반응과 비교해 비슷한 상황에서 미국이 선택할 만한 옵션을 가정해보는 것도 의미 있을 것이다. 1996년 대만 총통 선거를 앞두고 중국이 인근 해상에 미사일을 시험발사해 유권자를 위협했을 당시, 미국은 대만 해협 인근에 항모 2척을 파견하면서 대만 안보에 대한 분명한 입장을 보여줬다. 미국의 뜻을 간파한 중국은 얼른 물러섰다. 같은 상황이 현재 발생한다면 미국의 계산법은 복잡해질 것이다. 항모를 보낼 경우 위험성과 긴장의 파고는 매우 높아진다. 따라서 미국은 군사적 행동이 아닌 외교적 수사를 동원할 가능성이 높다. 중국에 전달하는 메시지는 훨씬 부드러워진 반면 효과는 미약할 것이다. 해·공군력에 대한 중국의 막대한 투자가 전략적 혜택을 가져다준 셈이다.

하지만 이런 혜택은 분명한 한계를 갖는다. 중국은 해상억지력을 확장했지만 정작 해상통제를 할 만한 곳은, 심지어 자국 영토와 가까운 곳 어디에도 없다. 영국의 저명한 해군전략가인 줄리안 코르벳 경은 한 세기 전 힘의 전이를 이미 목격했다. 한 나라가 해상통제권을 잃으면 필연적으로 다른 나라가 해상통제권을 얻는다는 것이다.[17] 그 어느 때보다 강한 중국 해군은 미 함정을 침몰시킬 만한 능력을 갖췄지만 자국 함정을 침몰시킬 수 있는 미국의 능력을 축소하지는 못했다. 거리의 불리함을 안고도 미국은 중국 항모나 해병대가 아시아에 파병되는 걸 견제할 만한 가공할 능력을 보유하고 있다. 현재 중국이 미국의 항모를 쉽게 발견해 침몰시킬 수 있듯, 미국은 같은 방식으로 중국 항모를 대하는 데 전혀 문제가 없다. 뿐만 아니라 일본이나 인도, 심지어 그보다 작은 한국과 싱가포르, 호주 등도 중국 항모를 같은 방식으로 다루는 데 문제가 되지 않는다. 이는 향후 다가올 아시아의 안보환경에 중요한 시사점을 던진다. 즉 초강대국이라고 할지라도 다른 강대국 심지어 잘 훈련된 중견국가에 맞서 해군을 보내는 것이 힘들어지는, 평준화된 '해상억지력의 시대'로 접어들었을 가능성이 높다는 의미다.

해상억지력 시대로의 전환은 군사력 행사뿐 아니라 교역로 보호에도 많은 변화를 야기한다. 이를테면 인도양 원양뿐만 아니라 가까운 연안항로가 봉쇄될 경우 에너지와 핵심 자원의 해상 수송이 불가능해질 수도 있다는 뜻이다. 미국이나 그보다 더 작은 해양 세력이 중국의 면전에서 봉쇄작전을 펼친다고 가정해보자. 거대한 수출입 물량을 보호하기 위해 중국이 해상통제권을 장악할 방도는 거의 없다. 물론 같은 이유로 중국이 다른 나라의 교역로를 위협하는 것은 상대적으로 쉬울 것이며 이는 중국의 교역로를 공격하려는 특정 국가에 보복을 선포해 자신의 교역로를 지킬 수 있음을 의미한다.

그렇다면 중국의 항모는 어떤가? 잠재적 힘의 상징인 항모를 얻기 위해 중국은 여러 차례 힘든 결정을 내렸다. 항모 획득은 전형적인 대양해군 구축 계획의 일부로 간주되었다. 하지만 중국 지도부는 미국 항모가 중국에 취약하듯 중국의 항모 역시 미 잠수함이나 다른 열강 혹은 중견국의 잠수함 공격에 취약하다는 사실을 이해할 것이다. 그렇다면 중국은 왜 항모 획득에 많은 돈을 쓰는 것일까?

여기에는 세 가지 가능성이 있다. 우선 중국 지도부가 실질보다 형식을 중시한 결과 작전 효용성이 아닌 명성과 지위를 위해 항모를 만드는 실수를 범했을 가능성이다. 둘째, 그들은 언젠가 자신의 항모를 겨냥할 능력이 없는 작은 나라에 군사력을 투입하는 밑그림을 그리고 있을지 모른다. 셋째, 아주 먼 미래에 미국이나 일본 등 주요 열강을 제치고 중국이 해상통제권을 장악할 수 있을지 모른다는 야심찬 상상을 할지도 모른다. 실제로 그런 일이 벌어졌을 때 자신들이 준비된 상태이길 원할 것이다.

이러한 가능성들은 중국의 장기계획에 대한 (아직 결론이 나지 않았지만) 흥미로운 힌트를 주지만, 중국의 굴기崛起에 대한 우리의 대응은 그들이 실제로 달성한 것이 무엇이고 향후 10~20년 동안 달성할 수 있는 것은 무엇일지 예의주시하면서 이뤄져야만 한다. 이러한 맥락에서 볼 때 중국의 야심은 컸지만 실제 성과는 그리 대단하지 않았다. 서태평양에서 중국과 인접한 국가의 시각으로 볼 때 나쁜 소식은 중국이 미국의 군사력 파견을 제한하는 쪽으로 방향을 잡았다는 점이다. 좋은 소식은 적어도 바다에서만큼은, 심지어 중국과 아주 가까운 섬나라에조차 자신의 영향력을 확장하려는 징조를 보이지 않았다는 점이다. 물론 이런 관점이 아시아 대륙에는 해당되지 않는다. 중국의 거대한 인구와 경제력은 언제라도 그들이 막강한 지상 전력을 구축할 수 있음을 증명한다. 중국과 국경을 맞댄 이웃국가들이 어떻게 지상 전력을 상대할 것인가는 흥미로운 질문이지만 한 가지 사실만은 분명하다. 미국의 재래식 전력은 그곳에서 아무런 역할을 하지 않을 것이라는 점 말이다. 미국은 아시아에서 중국과 지상전을 벌이지 않을 것이다.

미국은 어떻게 대응해야 할까?

미국이 군사적 지위를 회복하기 위해 할 수 있는 것은 무엇일까? 가령 잠수함 탐지기술 등에서 비약적인 기술상 돌파구가 열리겠지만 그것이 항공모함의 작전 수행을 유리한 방향으로 이끌 가능성은 매우 낮다. 많은 이들은 미국의 항모 파견만으로도 전쟁에 돌입하지 않고 힘을 투사하는 셈이라고 말한다. 미래에 미국은 항모를 보내기 전에 전쟁에 돌입해야만 한다. 이는 중국에 대한 주요 공격목표가 잠수함과 잠수함 기지, 전투기와 비행장, 미사일 발사기지와 정찰·지휘 통제체계임을 의미한다. 미 국방부는 이를 위한 작전계획을 현실화하기 위해 많은 노력을 기울여왔으며 소위 반反접근·지역거부 A2AD·Anti-Access and Area-Denial*라 부르는 전략에 맞서 군사력을 행사할 수 있는 미국의 능력을 어떻게 유지할 수 있을지 예의주시했다. 물론 중국만이 미국에 대항할 잠재적 적국은 아니지만 가장 분명하고 새로운 개념의 목표물이라는 사실은 확실하다. 이러한 계획들은 공해전투개념Air-Sea Battle Concept(적의 전력을 무력화하기 위해 바다에서부터 공군과 해군, 해병대, 우주, 사이버 능력을 통합해 신속하게 공격하는 개념)과 합동작전접근개념Joint Operational Access Concept 속에서 발전해왔다.[18] 작전 개념이란 차원에서 볼 때 매우 합리적인 구상이다. 즉 미국이 해상통제권을 확보하고 싶다면 중국의 해상억지력을 가능한 한 빨리, 광범위하게 무력화시켜야만 한다.

---

* 이 전략은 적 항모의 해안 접근을 막고 해안에서 일정 범위 안의 적 해상 전력을 철저히 분쇄한다는 내용을 골자로 한다. 1980년대 중국 해군의 아버지이자 항모의 아버지로 불리는 류화칭劉華淸 해군사령관이 개념화한 도련Island Chain전략과 연관이 있다. 방어해역 확장을 위해 섬과 섬을 가상의 선으로 이어 그 안을 해군활동 반경으로 삼는다는 것으로 제1도련은 다오위다오-대만-필리핀-베트남을 연결하고 제2도련은 일본과 괌, 호주 서부까지 포괄한다. 이를 지키기 위해서는 바로 A2AD 전략이 핵심이다.

하지만 전략적으로 공해전空海戰은 매우 심각한 문제를 야기한다. 중국에 적용할 경우, 공해전은 전략적 감각이 전혀 없는 작전 개념이 되고 만다.

첫째, 중국에 맞서 해상에서 군사력을 전개할 수 있는 미국의 능력을 회복하는 데 성공한다 해도 그걸 통해 미국의 전략적 목표를 달성할 수는 없다. 미국은 여전히 군사력을 파견해 중국과의 전쟁에서 승리해야 한다. 중국의 핵심 이해관계가 개입된 문제에서 군사력 파견을 통한 승리를 거두기는 힘들다. 또 미국의 가공할 만한 힘에도 불구하고 재래식 전력으로 중국이 패배를 인정하도록 하는 것은 결코 쉽지 않은 일이다. 중국은 이라크가 아니다. 미국은 결코 중국 영토의 상당 부분을 점령하고 장악하거나 정부의 지배력을 약화시킬 수 없을 것이다. 그게 아니라면 중국과의 분쟁을 어떻게 성공적으로 마무리할 수 있을까?

둘째, 중국군에게 광범위한 대규모 공습을 실시할 경우 공습 범위 안에 해상 전력을 운송하기도 전에 긴장이 고조될 위험성은 매우 커진다. 중국은 가능한 군사적 방법을 총동원해 대응할 것이며 위기상황은 순식간에 대규모 전쟁으로 확산될 것이다. 그러므로 이것은 사실상 전면전을 불사하겠다는 의미가 된다. 미국으로서는 명백히 한계를 지닌 개념이다. 미국이 가장 중요한 경제적 파트너와 대규모 전쟁을 불사한다면, 그 범위를 어디까지로 정할 수 있는지 이성적으로 가늠하기조차 어려워진다. 서태평양에서의 어떤 이해관계가 이런 비용과 위험부담을 정당화시킬 수 있는지도 미지수다.

그러므로 공해전개념은 점증하는 중국의 군사력에 대해 아무런 전략적 대응책을 마련해주지 못했다. 미국은 더 이상 서태평양에서 중국의 해·공군력에 맞서 해양통제권을 유지할 능력이 없으며, 전략적 우위의 군사적 토대를 제공하던 해상기지 기반 전력을 강화시킬 능력도 잃어버렸다. 이건 납세자의 세금으로 메운다고 간단히 해결될 문제도 아니다. 향후 몇 년간 국방비 삭감이 중국의 새로운 능력에 대응하는 것을 더욱 어렵게 하겠지만 국방예산을 더 투입한다고 해서 사라질 문제는 아니다.

이 문제가 얼마만큼 심각한 것이 될지는 미국이 아시아에서 무엇을 원하느냐에 달려 있다. 미국의 목적이 지금까지처럼 우월적 지위를 영구화하려는 것이라면 중국에 해상통제권을 잃는 것은 큰 타격이다. 반면 그 목표가 균형자적 역할이어서 아시아를 지배하려는 중국의 능력을 제한할 뿐 자신의 지위를 영구화하려 들지 않는다면 상황은 그리 나쁘지 않다. 위에서 살펴봤듯이 미국은 앞으로도 중국 해군의 서태평양 진출을 저지할 수 있고, 이는 국방예산이 아무리 심각하게 삭감되더라도 가능한 일이다. 미국이 중국에 군림하기 위해서는 해상통제권이 필요하지만 균형을 이루기 위해서는 단지 억지력을 유지하기만 하면 된다. 미국은 확실히 그 능력을 갖고 있다.

원자력 차원

마지막으로 핵무기와 관련한 관점을 고려해야 한다. 핵전력은 냉전 시기 미·소 간 핵 균형에서 볼 수 있듯 주요 강대국 관계에 적잖은 영향을 미쳤다. 하지만 미국과 중국 사이 핵 균형은 과거 미·소 간 영향력에 비해 크게 떨어진다. 이런 이유로 양국이 전략적 계산을 하는 데 핵무기의 역할을 과소평가하기 쉽다.

냉전 시기와 현재의 가장 분명한 차이점은 전력의 불균형이다. 중국의 핵전력은 미국에 비하면 극히 미미하다. 미국 내 목표물을 타격할 수 있는 능력 자체도 러시아에 비해 떨어지거나 중국에 반격할 수 있는 미국에 비해 한참 약하다. 이런 점 때문에 중국이 핵 강대국이라는 사실을 잊곤 한다. 하지만 이는 심각한 실수가 될 공산이 크다. 규모가 모든 것을 말해주지는 않는다.

중국 핵전력의 전략적 목표는 지난 10년간 미묘하지만 중요한 방식으로 탈바꿈했다. 애초 핵전력의 역할은 최소한의 억지력이었다. 즉, 다시는 1950년대에 당했던 것처럼 핵 위협을 받지 않겠다는 것에 맞춰졌다. 핵 협박을 막기 위해 중국은 자신에 대한 여하한 종류의 핵 공격에 대한 보복으로 적국 본토에 감내할 수 없는 피해를 주겠다는 위협용 핵전력을 만들었다. 그런데 얼마 전부터 중국의 재래식 해양 전력이 확장되면서 핵무기는 더 많은 역할을 수행하기 시작했다. 이제 중국의 핵전력은 현재 공해전투개념에 따라 미국이 대규모 재래식 공격을 중국에 전개할 경우 괌과 같은 곳에 핵 보복 가능성을 높임으로써 미국의 공격을 억지할 수 있는 역할까지 한다.

이런 위협이 통할 것이라는 생각은 양측 모두 매우 불분명한 계산에서 나온 것이다. 즉 중국은 괌에 핵공격을 하더라도 자국이 미국 주요 도시까지 파괴할 수 있는 능력을 갖춘 이상 미국이 핵으로 보복하지는 않을 것이라고 계산했을 것이다. 이 판단은 결과적으로 양국의 전략적 이해관계에 대한 불확실한 판단에 근거한다. 냉전 기간 동안 소련의 재래식 공격에 맞서 미국이 유럽에서 핵공격을 감행하겠다던 위협은 믿을 만했다. 양측 모두 서유럽이 미국 안보의 핵심으로 간주된다는 사실을 알고 있었고, 유럽을 소련의 손아귀에서 구출하기 위해 미국이 기꺼이 끔찍한 핵공격을 불사할 수 있다는 사실을 인식했기 때문이다. 서태평양에서 미국의 이해관계가 자국 내 주요 도시에 대한 핵공격을 용인할 만큼 중요하다고 중국은 믿고 있을까?

중국의 핵전략은 미국의 이해관계가 냉전 시기 유럽에서만큼 절박하지 않다는 전제 아래 만들어졌다. 그러므로 미국 목표물에 대한 비교적 작은 핵공격 위협만으로도 미국의 대규모 재래식 군사행동을 억제하기에 충분하다고 계산할 개연성이 높다. 그러니까 중국의 전략적 목표를 이루기 위해서는 상대적으로 작은 핵전력만으로도 충분하다는 것을 의미한다. 이런 상황은 중국에 큰 이점으로 작용한다.

이런 모든 사실은 미국의 아시아 동맹국에게도 중요한 시사점이 된다. 미국은 자국에 대한 중국의 핵공격 위협을 감수하면서까지 동맹국에 대한 보복을 위해 중국에 핵공격을 감행할 것이라고, 동맹국과 중국이 믿도록 해야 한다. 미국 자신의 안보만큼 동맹국의 안보를 중시한다고 그들이 믿어야만 효과가 있다. 그러나 미국이 대만에 대한 핵공격에 앞서 로스앤젤레스에 대한 핵공격을 불사할 것이라고 중국이 믿을까? 그에 대한 대답은 '아마도 아닐걸.'이다.

미국은 선제공격으로 중국의 핵능력을 제거해 문제의 근원을 없애려는 유혹을 느껴왔고 지금도 그럴 것이다. 상대적으로 작고 취약한 중국의 대륙간 탄도탄과 같은 핵전력을 제거하려는 유혹은 미국으로서는 오랫동안 솔깃한 제안으로 보였다. 중국에 대해 이런 종류의 핵 우위를 주장하는 옵션을 미국이 고려하고 있을지 모른다는 가능성은 (러시아에 대한 성명과 달리) 중국에 관한 미국의 공식 성명에서 조심스럽게 강화됐다. 즉 미국의 공식 성명에서는 미·중이 서로 핵 억지력을 갖고 있다는 것을 인정하지 않은 채 회피하고 있다.[19]

하지만 현실적으로 미국은 중국에 대해 핵 우위를 달성할 기회가 없다. 중국은 핵으로 미국을 타격할 능력을 유지하는 걸 최우선 목표로 삼았고 머지않아 성공할 것이다. 미국이 중국의 장거리 미사일 파괴 능력을 키우는 것보다 중국이 지상과 공중에서 미국을 향해 발사하는 장거리 미사일을 확장하고 보호하는 편이 훨씬 더 쉬울 것이다. 결과적으로 점증하는 중국의 핵공격 능력은 향후 미국이 아시아에서 자신의 위상과 역할을 선택하는 데 중요한 요소가 된다.

종종 정치 문제를 배제한 채 군사적 문제를 논의하는 사례가 있다. 어쩌면 이는 미·중 간 분쟁 가능성을 심각하게 받아들이는 사람이 매우 적기 때문일 것이다. 전략적·정치적 라이벌 관계가 얼마나 쉽게 군사 분쟁으로 이어질 수 있는지 이해하는 사람은 의외로 적다. 하지만 미·중이 패권을 놓고 아시아에서 경쟁하는 사이 분쟁 가능성은 점점 높아지고, 경쟁이 격렬해질수록 일촉즉발의 위기로 치달을 수 있다. 게다가 양국이 충돌할 경우 누가 승리할지, 그 비용이 얼마나 될지에 따라 미국과 중국 그리고 나머지 아시아 국가의 (심지어 분쟁 자체가 당장 일어나지 않을 것 같은 때에도) 반응과 행동은 달라질 것이다. 그러므로 아시아에서 양국의 군사 균형 변화는 중국에 대한 미국의 선택을 가늠하는 데 있어 매우 중요하다.

THE CHINA CHOICE

아시아 국가는 중국의 패권 추구를 저지하기 위해 미국을 지원하겠지만 그렇다고 아시아 문제에 있어서 중국의 역할 확대를 부정하지는 않는다. 그들은 얌전하면서도 야심찬 중국은 용인하지만 패권을 추구하는 중국을 달래지는 않을 것이다. 이는 향후 수십 년간 아시아의 전략적 제휴관계가 단순히 미국을 선택하느냐 마느냐의 양자택일이 아니라 훨씬 복잡한 문제임을 시사한다.

CHAPTER 5

아시아 환경

아시아의 선택

미국은 중국만 상대해야 하는 게 아니다. 중국의 부상을 저지하기 위한 비용 부담을 걱정하며 미국을 바라보는 새로운 우방국과 오래된 동맹국들이 있다. 그들 모두 베트남전 이후 수십 년간 미국의 우월적 지위 덕에 번영을 누렸으며 지역 내에서 미국이 중국의 지배와 권한 남용을 막고, 견제해주길 바라고 있다. 그들 역시 무시 못할 존재들이다. 오랜 동맹국에는 일본과 한국, 호주, 필리핀, 태국이 있다. 또 새로운 친구로는 인도와 인도네시아, 싱가포르, 베트남 등이 꼽힌다. 이들의 지원은 중국의 패권에 대응하려는 미국에 중요한 자산이 될 수 있다. 하지만 고려해야 할 본질적 문제는 중국의 이웃국가가 미국이란 존재를 지원할 것인지가 아니라 미국의 우월적 지위를 지원할 것인지 여부다.

현재 아시아의 모든 국가는 중국에 대한 선택의 기로에 놓여 있으며 그 선택은 복잡하면서도 중요하다. 아시아에서 미국이 우월적 지위를 유지하느냐 아니면 중국의 패권에 밀려 아시아를 포기하느냐 식의 단순한 결정만 하는 게 아니듯, 그들도 중국 또는 미국을 지원할 것인지에 대해 단순하게 결정할 수 있는 게 아니다. 이런 문제를 이해하는 게 매우 중요하다. 중국의 이웃국가들이 미국의 우월적 지위와 중국의 패권 사이에서 선택을 강요당한다면, 중국의 지배 아래 머물고 싶지 않다는 이유 때문에 모두 강력하게 미국을 지원할 것이다. 많은 이들이 이러한 사실을 근거로 아시아 국가들에게 제3의 선택이 없을 거라고 확신한다. 또 이런 견해는 미국이 어떤 비용을 치르더라도 중국에 맞서 아시아 국가들을 지원할 수밖에 없을 것이라는 생각으로까지 확장된다. 하지만 두 가지 생각은 모두 옳지 않다.

이것은 부분적으로 북대서양조약기구NATO(나토)라는 오래된 망령 탓이기도 하다. 미국은 냉전 시기 자신의 리더십을 중심으로 한 나토의 핵심 역할에 깊은 애착을 드러냈으며, 다른 상황에서도 자신의 리더십에 대한 가치를 과장하는 경향을 보였다. 미국의 정책결정자들은 미국이 동맹국을 유지하는 것을 다른 국가에 기여하기 위한 수단으로써가 아니라 자국의 주요 이해관계라는 좀더 근본적인 목적으로 이해하기 시작했다. 중국의 도전에 직면한 미국이, 표면적으로는 완강하게 부인하지만 과거 소련을 봉쇄했던 전략을 떠올리며 나토를 아시아 동맹의 모델로 삼는 것은 어쩌면 불가피하다. 그렇지만 중국은 소련과 다르다. 중국은 미국의 힘에 다른 방식으로 도전하고 있으며 미국의 이해관계 역시 그때와 달라졌다. 이런 차이로 인해 향후 수십 년간 나토 모델을 아시아에 적용하기는 힘들 것으로 보인다.

현실적으로 중국의 이웃국가들은 자신의 미래에 대한 두 가지 극명한 비전 사이에서 단순한 양자택일을 넘어선 문제들에 직면해 있다. 이들은 상충하는 요구들 사이에서 복잡하고 변화무쌍한 균형점을 찾아야 할 필요가 있다. 확실히 누구도 중국의 지배체제 아래서 살고 싶지 않지만 그렇다고 중국을 적으로 만드는 것도 원하지 않는다. 무엇보다 이들은 평화와 안정, 성장 기회를 원한다. 이들 국가는 그게 무엇이든, 자신이 원하는 요소를 가장 확실하게 보장받을 수 있는 방법을 선택할 것이며 이는 미·중 양국이 결정할 선택에 달려 있다. 중국이 아시아 지배 야욕을 노골화할수록 그리고 아시아에서 미국을 배제하려고 노력할수록, 이웃국가들은 미국을 더 지원하는 경향을 보일 것이다. 그렇지만 중국이 자신의 한계를 인정하고 미국과 함께 새로운 지역질서를 만들어갈 때, 이웃국가들은 좀더 편안하게 중국의 역할 확대를 바라볼 수 있다. 마찬가지로 미국이 아시아에서 우월적 지위를 영구화하고 증가하는 중국의 영향력에 적응하기보다 전쟁 위험이나 긴장을 고조시킬수록 이웃국가의 지지는 줄어들 것이다. 아시아 국가는 중국의 패권 추구를 저지하기 위해 미국을 지원하겠지만 그렇다고 아시아 문제에 있어서 중국의 역할 확대를 부정하지는 않는다. 그들은 얌전하면서도 야심찬 중국은 용인하지만 패권을 추구하는 중국을 달래지는 않을 것이다.

이는 향후 수십 년간 아시아의 전략적 제휴관계가 단순히 미국을 선택하느냐 마느냐의 양자택일이 아니라 훨씬 더 복잡한 문제임을 시사한다. 모든 아시아 국가는 커지는 중국의 힘과 야망에 대한 깊은 우려와 중국과 잘 지내야 할 필요성 사이에서 균형점을 잘 찾아야 한다. 냉전 시기 소련과 맞섰던 미국의 동맹과 달리, 아시아 국가들은 중국에게서 경제적으로 얻을 것이 많고 정치적으로 크게 두려워 할 것이 없다. 그들 모두 중국이 자국 경제에서 가장 중요한 부분을 차지할 것이라고 예상한다. 냉전 시기 미국의 동맹국들과 달리 그들 중 누구도 중국의 이데올로기가 국민 사상을 위협하고 정치체제를 약화시킬 것으로 보지 않는다. 중국과 지역 분쟁을 겪을 경우 얼마나 취약하며 심각한 분쟁이 계속된다면 얼마나 고통스러울지 잘 알고 있다.

게다가 이들 국가는 미국의 우월적 지위 자체만을 위해 미국과 이해관계를 공유하지 않는다. 공동발표문은 공통된 가치에 대해 말하겠지만, 그 논의가 평화와 질서라는 최우선 가치를 넘어설 만큼 큰 의미를 지니지 않는다는 사실을 잘 아는 실용적인 국가들이다. 이들 국가에게는 미국의 우월성이 본질적 가치가 아니다. 그들은 지난 40년간 본질적 가치가 평화와 안정의 근간으로 작용할 때만 이를 지지하고 환영했다. 아시아 국가들은 본질적 가치가 진실에 부합할 때 미국을 지지하겠지만 그렇지 않을 경우 곧바로 철회할 것이다. 그들은 평화와 안정이 지속되고 중국과 좋은 관계를 유지하는 상황에서 중국의 지배를 피할 방도만 마련된다면, 미국의 우월적 지위를 지지하기 위해 자신의 이해관계를 희생시키지 않을 것이다.

미국이 안보를 책임져준다는 아시아 국가의 믿음은 권력 지형이 바뀌면서 점점 약해질 수밖에 없다. 나아가 중국이 경제적으로 미국과 비슷한 파트너일 뿐 아니라 더 가공할 전략적 상대라는 점을 잘 안다. 이런 두 가지 이유로 인해 미국이 동맹국을 지원하는 비용은 상승하고 현실적인 개입에도 제약이 따른다는 사실까지 그들은 인식하고 있다. 아시아 국가들은 미·중 간 갈등 프레임에 갇혀 자신이 버려질 수도 있다는 두려움을 떨칠 수 없을 것이다. 물론 미국 역시 똑같은 걱정을 하게 될 것이다. 그러므로 미국이 우월적 지위를 유지하고 중국의 도전을 막기 위해 동맹을 구성해 유지하는 일은 모든 국가에게 점점 더 어려운 과제로 남는다. 이제 좀더 구체적으로 아시아 동맹국과 신흥 우방국에게 더 중요한 것이 무엇인지 살펴봄으로써 미국과 동맹국이 함께 협력해나갈 수 있는 방법을 모색할 때이다.

열강들

일본 | 일본은 미국이 패권을 유지하는 데 가장 적극적인 지지를 보낼 것으로 예상되는 아시아의 강대국이다. 지금까지 일본은 아시아에서 미국의 가장 중요한 동맹국이었다. 독특하다고까지 할 수 있는 두 나라 사이는 매우 주목할 만하다. 세

계 2위의 경제 대국이던 일본은 지난 수십 년간 세계에서 가장 부유한 국가인 미국의 전략적 고객이었다. 즉 특정 강대국이 다른 강대국의 고객인 상황이었다. 전례가 없는 이 특별한 관계는 아마도 일시적인 상황이 반영되었을 것이다. 미·일 관계는 미국의 아시아 지위에 있어 핵심이었지만 중국이 강성해질수록 이 관계는 일본을 곤란한 처지로 몰아넣었고 이로 인해 관계 기반은 점점 불안정해지고 있다.

일본이 처한 곤경은 다음과 같다. 일본은 중국의 부상을 매우 두려워한다. 중국이 강력해질수록 일본을 정치·경제적으로 더욱 압박할 것이라고 믿기 때문이다. 또 일본 지도자들은 중국이 유순한 지역 리더로서 자신만의 방식으로 발전하고 번영하려는 일본에 자율권을 주지 않을 것이라고 믿고 있다. 부분적으로 이는 양국의 과거사에서 기인하지만 좀더 근본적으로는 일본 자신이 태생적으로 아시아 체제에서 강대국이기 때문이다.

이런 주장은 의외로 보일 수 있다. 20년에 걸친 장기침체 결과, 일본은 더 이상 1980년대를 이끌던 경제 실세가 아니다. 향후 경제 전망 역시 나아질 기미를 보이지 않는다. 하지만 일본은 여전히 세계 3위의 경제 대국이며 거대한 산업시설과 기술적 능력, 막강한 사회적 응집력과 자신만의 독특한 정체성, 섬이라는 전략적 이점까지 갖고 있다. 일본은 1945년 이전 거의 50년간 누렸던 육상 강국의 지위를 회복할 수는 없을 것이다. 하지만 일본은 아시아의 전략적 균형에 적잖은 영향을 미칠 해양과 핵전력을 손쉽게 구축할 수 있다. '강대국'

이란 단어가 자신이 만족하지 않는 지역질서를 파괴할 만큼의 강력함을 갖춘 나라로 정의된다면, 일본은 앞으로 수십 년간 강대국으로 군림할 충분한 능력이 있다. 이것이 중국에게 문제다. 서반구에서 미국이 별다른 경쟁자 없이 리더십을 행사하듯이 아시아에서 지역적 리더십을 발휘하려 하는 중국의 야망은 결코 독립된 강대국인 일본의 지위를 인정하지 않을 것이다. 중국이 아시아를 이끌기 원한다면 강대국으로 존재하려는 일본의 욕망을 반드시 저지해야 한다. 그리고 필연적으로 일본은 중견국가로서 종속적 지위를 받아들여야 한다. 그러므로 중국의 부상을 일본이 우려하는 것은 당연하다.

미·일 동맹이 일본의 전략적 정책 방향의 핵심으로 남아 있는 한 일본은 중국의 압력을 막아내는 수단으로 동맹 관계에 전적으로 의존할 것이다. 문제는 중국이 강성해질수록 미국에 의존하기가 더 힘들어진다는 점이다. 미국에게 중국은 자신의 이해관계를 기꺼이 희생할 만큼 중요한 파트너이자 위협적인 적수가 됐다. 이 과정에서 미국은 일본을 지키는 동시에 중국과 우호적인 관계를 유지해야 했다. 아시아에서 미·중이 서로의 역할을 놓고 조율하다 보면 미국이 일본을 포기할 가능성은 증가할 것이다. 미국은 일본을 대신해 위험을 짊어지길 부담스러워 한다. 다른 말로 하면 미·중 두 나라가 우호적인 관계를 유지할수록 일본은 안보 위협을 더 느낄 것이며 반대로 관계가 악화될수록 일본은 미국의 지원을 굳게 믿을 것이다. 이것이 국제관계에서 가장 중요한 두 국가 간 대립 관계에 자신의 안보를 의존하는 곤란한 상황으로 일본을 몰아넣었다. 미국과 중국 간 경쟁의식 고조는 일본에 재앙이지만, 양국의 화해와 협력 역시 재앙이 되는 것은 마찬가지다.

일본이 이런 곤란한 상황에서 빠져나올 수 있는 유일한 해법은 중국의 위협을 막기 위해 미국에 의존해온 전략을 중단하는 것이다. 대신 일본은 중국의 압력에 대항할 수 있는 자신만의 병력을 구축해야 한다. 중국의 핵공격에 맞서 최소한의 억지력을 행사할 핵전력을 구축해야 한다는 의미다. 일본 정부로서는 매우 힘든 결정이 되겠지만 전혀 불가능한 얘기가 아닐 뿐더러 다른 대안은 매우 비관적이다.

이러한 조치는 일본의 국제적 지위에 근본적인 변화를 가져온다. 나아가 일본이 독립된 강대국으로 거듭나면서 미·일 동맹이 종식된다는 것을 의미한다.

언뜻 보기에 일본의 재부상은 미국의 입지에 커다란 타격이 될 듯하지만 자세히 살펴보면 꼭 그런 것만도 아니다. 중국의 부상에 따라 미·일 동맹은 미국에 두 가지 중요한 법적 책임을 가져다줄 수 있다. 첫째, 중·일 간 분쟁에 미국을 끌고 들어간다. 아무런 직접적 이해관계도 없고 단지 일본에 대한 안보공약 신뢰성만 유지하면 되는 상황에서 중·일 간 논쟁에 미국이 말려들 위험성은 증가했다. 둘째, 동맹의 신뢰도 유지라는 측면에서 미·중 간 밀월에 대한 일본의 우려는 미국이 중국과 지속가능한 합의를 이루지 못하게 한다. 그러므로 미·일 동맹을 유지하는 것은 평화적이고 안정적인 미·중 관계를 불가능하게 만들 수도 있다.

대가를 치를 가치가 있는지 여부는 아시아에서 추구하는 미국의 궁극적 목표에 달렸다. 미국이 전략적 우위를 영구화기로 마음먹는다면 미·일 동맹 유지는 필수적이며, 이로 인해 중국과의 관계에서 발생하는 결과는 받아들여야 한다. 그렇지만 내가 주장하듯이 미국이 우월적 지위를 고수하지 않고도 서태평양에서 강고한 지위를 유지하면서 핵심 이익을 지켜낼 수 있다면, 일본과의 동맹 유지는 그 가치에 비해 훨씬 많은 비용이 들 것이다.

인도 │ 1990년대 이후 미국의 정책결정자들은 중국을 견제할 수 있는 균형추로 인도를 바라보았다. 그들은 국력이 신장하는 인도가 중국의 부상을 상쇄해 미국의 힘을 증가시키고 미국 주도 질서를 유지하는 데 도움이 되기를 바랐다. 인도와의 전략적인 관계는 지난 10여 년간 여러 단계를 통한 협력 증가로 이어졌다.

그럼에도 인도와의 협력은 과장된 측면이 있다. 어떤 면에서도 인도는 미국의 동맹이라 보기 힘들다. 중국과 충돌이 발생했을 경우, 직접적 이해관계가 걸리지 않는 한 인도로부터 어떤 실질적 지원도 기대할 수 없다. 가령 대만 문제나 남중국해 문제를 놓고 중국과 미국이 대치할 경우 인도가 지원 병력을 보낼 것이라는 기대를 해서는 안 된다.

인도와의 진정한 동맹은 앞으로 더 견고해질 것이라고 기대하는 사람도 있지만 세 가지 이유로 나는 그렇지 않다고 본다. 우선 인도 역시 미국처럼 중국을 주요 전략적 경쟁자로 여기지만 중국과의 관계에 있어서 그들의 목표는 미국과 다르다. 인도가 강해질수록 그들의 이해관계는, 특히 미국이 우월적 지위를 유지하는 걸 목표로 삼는다면, 미국과 확연히 달라질 것이다. 둘째, 거대한 땅덩어리에 힘입어 열강으로 등장한 인도는 자신의 힘을 극대화하는 걸 목표로 삼을 뿐 결코 미국을 지원하는 방향으로 움직일 리 없다. 미국과 협력해 중국의 힘을 견제하고 자국의 우월한 입지를 다지는 것에는 만족하지만 그렇다고 미국의 우월적 리더십 아래 자신의 야망을 종속시키지는 않을 것이다. 좀더 장기적인 차원에서 볼 때, 인도가 강성해질수록 중국을 견제하기 위한 미국의 도움은 필요가 없어지고, 인도는 미국이 아닌 자신의 패권을 키우기 위해 전력하게 된다. 같은 맥락에서 중국이 인도보다 상대적으로 강해질 경우, 인도는 자신의 지위를 향상시키기보다 우호적 대중對中 관계를 유지하는 한편, 우월적 지위를 유지하려는 미국을 위해 희생하는 일에는 더욱 소극적인 자세를 보일 것이다. 그러므로 인도가 아시아의 세기에서 가공할 강대국이 될지라도 미국의 우월적 지위에 보탬이 될 확률은 지극히 낮다.

이것은 일본과 달리 인도가 미국의 전략적 책무 범위 내에 포함되지 않는다는 사실을 의미한다. 미국과 인도와의 관계는 일본처럼 중요하지 않고 중국과 인도와의 관계 또한 그리 나쁘지 않기 때문이다. 다만 미국의 목표와 인도의 이해관계가 일치하는 부분에 한해서, 미국이 중국과 대치하는 데 도움이 될 뿐이다. 게다가 인도의 이해관계에는 미국의 우월적 지위가 필요 없다. 요컨대 이 정도에서 인도와 관계를 유지하는 것이 미국이 추구하는 목표라면 인도는 미국에게 많은 도움이 되지 않을 것이다.

러시아 단언컨대 러시아는 아시아에서 미국이 중국을 견제하는 데 도움이 될 수 있는 세 번째 열강이다. 그렇지만 아시아의 세기에 펼쳐지는 힘의 정치에 있어서 러시아의 역할은 예측하기 힘들다. 첫 번째 불확실성은 러시아가 얼마나 강력해지느냐이다. 러시아는 거대한 영토와 풍부한 자원, 여기에 양질의 교육을 받은 능력 있는 거대한 인구를 가졌다. 그럼에도 러시아 경제는 여전히 취약해 향후 아시아에서 열강으로서 경제적 무게감이 있을 것 같지 않다. 일본처럼 러시아는 어쩌면 오랫동안 중국에 수세적인 입장에 서겠지만, 일본과 달리 날로 성장하는 중국 인민해방군에 맞서 엄청나게 긴 국경을 지키기가 힘들어지고, 이를 견뎌내는 데 급급할 것이다.

물론 러시아는 적어도 오랫동안 많은 핵무기를 보유할 것이다. 핵무기를 보유하면 핵공격이라는 실존 위협을 제거하고 국가를 방어하는 데 도움이 된다. 하지만 핵무기는 러시아 극동지역에서 중국의 재래식 공격에 맞서기 위한 재래식 전력의 대안이 될 수는 없다. 먼 국경지역을 빠듯하게 지키는 상황에서, 러시아 핵심 도시에 대한 중국의 핵 보복공격 위험을 감수하면서까지 중국에 핵공격 위협을 가하기 힘들기 때문이다. 따라서 러시아가 극동지역에 막대한 지상 전력을 구축할 의지와 능력을 갖지 않는 한 그들의 전략적 위치는 점차 미약해질 것 같다.

이런 상황이 러시아에 얼마나 문제가 될까? 확실히 시베리아는 러시아 경제와 정체성에서 중요하지만 그들의 이해관계와 정서는 극동보다 남부와 서부에 더 밀착돼 있다. 러시아는 극동에서 영토를 상실하지 않은 반면 서부에서는 경제·문화·전략적으로 중요한 영토를 많이 잃었다. 러시아가 미래에 강성해진다면, 그들의 관심은 유럽과 가까운 지역의 실토를 회복하는 데 쏠릴 것이다. 이 지역에는 러시아가 구소련의 해체를 되돌려 유럽 근본 질서에 주된 위협을 가할 가능성이 남아 있다. 그래서 러시아는 극동지역에 많은 관심을 쏟기보다 서부에 자신의 역량을 집중하기 위해 잔뜩 웅크리고 있을지도 모른다.

물론 러시아가 중국의 부상에 무관심하지는 않을 것이다. 하지만 지상 전력이 중국에 밀리는 상황에서 미국의 우월적 지위에 도전하는 중국에 맞서 미국과 연합해 지원할 공산은 낮다. 사실 유럽에 이해가 집중된 러시아 입장에서 미국의 관심이 다른 곳으로 분산되는 상황을 지켜보는 건 즐거운 일이다. 단지 중국이 아시아에서 우월적 지위를 확보하려 들 때만 러시아는 서부에서 동부로 관심을 돌릴 것이다. 그리고 그때가 되면, 어쩌면 시간이 늦어버릴지도 모른다. 다른 말로 하면 러시아의 경제가 반등하고 유럽에서 다시 강대국 위치에 오르더라도 러시아는 아시아에서 강대국 반열에 다시 오르지 못할 듯하며 장기적으로 극동지역 소유 역시 불안정해질 수 있다.

중견국들

한국 한국은 아시아의 중견국들 중 가장 중요한 미국의 우방이다. 북한의 위협을 제거하는 과정에서 형성된 한·미 동맹은 매우 견고한 듯하다. 북한의 핵 능력은 더 강화됐다. 미국의 핵전력이 북한의 핵 협박을 막는 유일한 방안이기 때문이다. 그렇지만 좀더 자세히 살펴볼 때 한·미 동맹이 한국이나 미국의 미래에 얼마나 가치가 있을지는 불분명하다.

우선 한국의 측면에서 살펴보자. 한국에게 한·미 동맹은 세 가지 주요 타깃을 갖고 있다. 중국과 북한, 일본이다. 이들 중 가장 중요한 것은 역시 북한이다. 한·미 동맹이 북한의 위협을 관리하는 데 있어 얼마나 유용할까? 물론 이는 북한에서 어떤 일이 벌어지느냐에 부분적으로 달려 있다. 북한 정권의 미래를 예측하는 것은 위험하다. 북한 정권이 근본적으로 취약하다는 사실은 분명하지만 어떻게든 생존해서 살아남은 것도 사실이다. 어느 시점에 갑작스럽게 붕괴하거나 또는 수십 년간 계속 지속될 수도 있다. 그래서 우리는 두 가지 경우를 모두 생각해봐야 한다.

북한이 붕괴할 경우, 한국의 급선무는 한반도를 한국의 정치·경제체제가 적용된 나라로 통일하는 것이다. 중국은 정치·경제적 지원과 긴급구호, 병력지원 등을 통해 북한에 개입할 수 있는 가장 큰 능력을 지녔으며 앞으로 일이 어떻게 벌어질 것인지, 무슨 일이 일어날지에 대해 가장 큰 목소리를 낼 것이다. 중국이 마음먹으면 북한은 어느 형태로든 독립국가로 계속 머물 수도 있다. 그런 까닭에 북한이 한국에 흡수통일 될지 여부를 결정할 힘은 중국이 가진 셈이다. 이와 대조적으로 북한 붕괴에 대한 미국의 영향력은 무시할 만한 수준이다. 따라서 북한이 붕괴할 경우, 한국은 미국보다 중국의 도움이 더 절실해지며 통일을 위한 여건 조성을 위해 중국에 힘을 실어줄 수밖에 없다. 이런 상황에서 중국은 통일 여건 조성의 대가로 한·미 동맹 해체 및 모든 미군의 한반도 철수 등과 같은 요구를 쉽게 들고 나올지도 모른다. 한국이 이를 쉽사리 거절할 수 있을까? 북한의 위협이 사라진다면 왜 이를 거절해야 할까?

북한이 생존하고 특히 북한의 새로운 지도자가 중국식 경제개혁을 따라한다면 한국은 다른 문제를 접하게 된다. 북한이 한국에 위협으로 남아 있는 한 한국이 안게 될 문제는 다음과 같다. 즉 북한을 견제하는 데 미국과 중국 중 어느 쪽이 좀더 도움이 될 것이냐이다. 언뜻 볼 때, 해답은 미국인 듯하지만 좀더 자세히 들여다보면 중국이 더 적합할 가능성이 높다. 2010년 발생한 북한의 도발은 이에 대한 해답을 알려준다. 북한이 천안함을 격침하고 연평도 인근에 포격을 가했을 때, 미국은 한국을 강력하게 지원하며 미래의 도발에 대해 응징하겠다고 굳센 약속을 했다. 반면 중국은 북한에 대한 비난을 자제했으며 도발을 억제하지도 못했다. 그러므로 첫인상은 미국이 자신의 힘을 보여주고 한국에 동맹의 역할을 다한 반면 중국은 도움을 줄 수 없거나 그럴 의지가 없는 듯했다.

하지만 첫 인상은 착시일 수 있다. 그림을 다시 찬찬히 뜯어보면 미·중의 상대적 위치가 바뀌어 보인다. 우선 북한이 한국에 또다시 도발을 감행했을 때 미국이 무엇을 할 수 있는지 생각해보자. 미국은 확고한 지원을 약속했지만 믿을 만한 군사적 옵션은 부족하다. 북한에 보복 공습을 하거나 한국이 그런 일을 하도록 지원할 수 있지만, 북한이 이에 대한 보복 응전을 하지 않을 것이라고 미국은 확신할 수 없다. 특히 상황이 통제할 수 없는 수준으로 악화되는 것을 미국은 원하지 않는다. 즉 본질적으로 한국을 돕는 데 있어 미국은 할 일이 별로 없다. 미국이 지닌 유일한 수단은 군사적 옵션이지만 북한 역시 같은 방식으로 대응할 수 있기 때문이다. 이와 대조적으로 중국은 북한에 영향력을 행사할 다양한 수단을 지녔으며 그런 까닭에 잠재적으로 미국보다 더 한국에 유용할 수 있다. 2010년 북한의 행위를 비판하라는 한국의 요청을 중국이 거절한 것은 이런 점을 분명하게 보여준다. 한국이 미국에 기대기로 결정한 이상, 중국이 북한을 통제하는 데 한·미 양국에 도움을 줄 것이라고 기대해서는 안 된다는 메시지를 이런 식으로 전달한 것이다. 중국과의 친밀한 관계가 북한을 대하는 데 있어 한·미동맹보다 더 나은 보험이라는 결론을 한국이 내리는 것은 어쩌면 당연한 수순이다.

한·중 관계 자체는 어떤가? 다른 아시아 국가와 마찬가지로 한국이 대중對中 관계에 있어 미국의 지원을 비중 있게 생각한다는 것은 의심의 여지가 없다. 그렇지만 한국이 중국에 맞서 미국의 지원을 얼마나 기대할 수 있을까? 일본과 마찬가지로 한국의 믿음은 미국이 향후 미·중 관계보다 한·미 관계의 가치를 얼마나 높게 판단하느냐에 어느 정도 달려 있다. 하지만 중국이 강성해질수록 한·미 관계에 대한 한국의 확신은 낮아질 것이다. 한국만의 이해관계를 지키기 위해 미국이 중국과 분쟁을 감수하면서까지 핵심 경제이익을 위험에 빠뜨리지는 않을 것이기 때문이다. 사실 한국으로서는 미국의 이해관계 안에 포함된 문제를 두고 중국에 대항할 때에만 미국의 지원을 확신할 수 있다. 즉 미·중이 이미 경쟁구도라는 프레임에 갇혀 있을 때를 의미한다. 중국과 격렬한 전략적 경쟁을 벌이는 미국을 지원하는 게 한국의 이해관계와 얼마나 부합할지는 중국이 어느 정도 위협적인가에 따라 달라질 것이다. 하지만 중국이 공격적으로 패권을 추구하지 않는다면 한국은 미국편에 서기보다 중립적인 위치를 유지하는 게 나을 것이라고 판단할 가능성이 높다.

그렇다면 일본은 어떨까? 일본에 맞서 한국이 미국의 지원을 얼마만큼 기대할 수 있을지는 미·일 동맹의 상태에 따라 달라질 것이다. 한일 양국 모두 미국의 동맹으로 남는다면, 미국의 지원은 안심할 수 준이 될 것이다. 그렇지만 미국이 어느 한 쪽을 선택해야 하는 상황 에 몰릴 경우, 더 강력한 국가 동맹인 일본을 선택할 가능성에 대해 한국은 촉각을 곤두세울 게 틀림없다. 게다가 한국이 우려하는 것이 일본이라면, 미국보다는 중국이 더 나은 동맹이 될 수 있다.

한국 입장이 위와 같다면 미국에서 바라본 동맹은 어떨까. 조심스 럽게 고려해볼 때 한·미 동맹의 비용과 위험부담은 꽤 높은 편이다. 주한미군 배치 비용을 제외하고서도 한·미 동맹은 북한과의 분쟁이 라는 상당한 위험요소를 내포하고 있다. 또 가능성이 낮기는 하지만, 한국이 일본이나 중국과 분쟁을 벌이면서 미국의 지원을 요청할 경 우 이들 국가와의 분쟁에 미국을 끌어들이는 위험요소를 품고 있다. 그렇다면 동맹의 혜택을 상쇄하는 것은 무엇이 있을까? 위에서 설명 한 이유로 중국이 공공연하게 한국을 향해 공격적으로 나오지 않는 한, 한국은 중국에 맞서 미국을 지원해 파열음을 내는 위험부담을 감 수하지 않을 것이다. 중국이 한국을 좀더 안심시킨다면, 중국에게 등 을 돌리도록 한국을 설득하는 게 미국에게는 더욱 힘들어질 것이다. 중국은 한국이 중요하게 생각하는 여러 문제에 활용할 다양한 카드 를 쥐고 있다. 이는 아주 극단적인 환경을 제외하고 한국이 중국과의 관계를 파국으로 몰고 가지 않을 환경을 제공해준다.

본질적으로, 중국과 국경을 접한 다른 이웃국가와 마찬가지로 한국은 중국을 견제하기 위해 미국이란 존재에 크게 의지한다. 하지만 미국의 우월적 지위를 유지하기 위해 대중對中 관계를 희생시키면서 까지 감당할 만한 이해관계는 많지 않다. 미국의 우월적 지위는 한국에 그리 중요하지 않은 반면, 중국은 매우 중요한 나라다.

동남아 국가 | 동남아 국가들은 미국이 아시아에서 우월적 지위 유지하는 데 적잖은 기회를 제공했다고 평가된다. 미국은 동남아에 태국과 필리핀이라는 두 개의 동맹국이 있다. 그리고 실질적 중견국인 인도네시아와 베트남, 싱가포르 등과 관계를 강화하는 중이다. 미국 정책결정자들은 향후 이들 국가와의 관계가 심화, 강화되길 바란다. 특히 중국의 부상에 대한 우려가 늘면서 미국이 좀더 보호의 손길을 뻗어주길 바라는 동남아 국가들이 이에 대한 보답으로 미국에 대한 지원을 늘릴 것으로 보인다.

이런 상황을 고려할 때 중국은 몇 가지 실수를 했다. 동남아 국가를 안심시키기 위해 마련한 수 년간의 외교적 노력에도 불구하고, 중국은 최근 다소 고압적이고 위협적인 자세를 취했다. 자연스럽게 동남아 국가들은 미국의 지원을 요청했다. 그렇더라도 동남아에서 미국의 전략적 위치는 여전히 매우 취약하다. 그들이 중국에 맞서 미국을 지원해야 할 아무런 명분도 존재하지 않기 때문이다. 그런 명분은 중국이 그들을 무력침공하지 않는 한 앞으로도 생겨날 것 같지 않다. 반면 이곳에 대한 미국의 점증하는 확약은 이들 국가와 중국과의 분쟁에서 미국을 더욱 옭아맬 위험성을 안겼다.

베트남을 예로 보자. 중국은 남중국해에서 베트남과 영유권 분쟁을 벌이며 이들 섬에 대한 자신의 주장을 점차 강화하고 있다. 미국은 그동안 베트남에 대한 지지의사를 확실하게 밝혔다. 미국 정책결정자들은 베트남에 대한 지지가 장기적으로 양국의 근간을 다질 것이라 기대했으며, 자신들의 노력에 상응하는 지지를 베트남이 보낼 것이라 믿었다. 하지만 이 기대는 현실적으로 충족될 수 있을까? 베트남은 중국과 선린관계를 바탕으로 한 경제·전략적 이해관계를 갖고 있다. 베트남의 이러한 정책 방향이 유지되는 한, 자국의 직접적인 이해가 결부되지 않은 어떤 문제에서도 베트남은 중국에 맞서 미국을 지원하는 위험을 감수하지 않을 것이다.

이러한 관점을 대만 문제에 적용해보자. 대만 문제를 놓고 분쟁이 발생할 경우, 베트남은 중국에 맞서 미국을 지원할까? 만일 그렇지 않다면 미국이 베트남과 선린관계를 통해 얻게 될 현실적이고 전략적인 혜택은 무엇인가? 다른 말로 하면 이 관계는 잠재적 비용이 매우 많이 들 뿐이라는 얘기다.

남중국해 문제와 관련해 베트남의 입장을 지지하는 목소리를 냄으로써 미국은 베트남과 중국 사이 분쟁에 말려드는 위험을 감수하고 있다. 최근 몇 년간 미국의 성명은 만약 미래의 어떤 시기에 중국과 베트남이 무력충돌을 벌일 경우 베트남에 확고한 지지를 보낼 것이라는 기대치를 높였다. 그렇지 않다면 아시아 안보에 있어 지도적 역할을 주장하는 미국의 신뢰도에 상당한 타격이 될 것이다. 미국이 베트남을 지지한다면 중국과의 관계는 곤두박질친다. 사실을 말하자면, 스프래틀리 군도(중국명 난사 군도, 베트남명 쯔엉사 군도)에서 미국의 이해관계는 중국과 전쟁을 치를 만큼 분명한 것이 결코 아니다.

이는 다른 동남아 국가의 경우에도 마찬가지다. 그들 모두는 미국이 중국의 힘을 견제해주길 바란다. 하지만 동시에 중국과 선린관계를 통해 이해로 얽힌 그들 모두는, 자국이 직접적인 위협을 당하지 않는 한 중국에 맞서 미국을 지원하는 희생을 감수할 것 같지 않다. 이런 시각에서 볼 때, 동남아 국가들이 중국과의 갈등에 미국을 옭아매겠다고 위협하는 형국이다.

대만 | 마지막으로 대만이 있다. 대만은 모두에게 가장 특별한 난제로 남아 있다. 미국과 중국 두 나라는 대만 문제에서 파열음을 내지 않기 위해 특별하게 관리를 해왔지만, 아시아에서 양국이 갖는 지위와 특권적 시각을 고려할 때 이 문제는 공존할 수 없는 가장 분명한 문제로 남아 있다. 그것은 지난 40년간 대만의 지위가 매우 불안정한 모호성 속에 가려져 있었기 때문이다. 주요 국가들은 모두 대만을 중국의 일부라고 인정하지만 대만은 독립국가로서 가장 중요한 일부 요소를 인정받고 있다. 우리는 '하나의 중국 원칙'을 주장해온 중국에게는 대만을 중국의 일부로 인정한다고 말하면서도 실제로 중국이 그렇게 행동할 권리는 부정한다. 이런 변

칙은 1972년 미·중 정상화 이후 중국과의 관계 발전에서 미국이 곤란한 입장을 피하고 이를 진정시킨 정치적 봉합의 결과물이다. 우리는 그런 봉합의 유산 속에서 살고 있다. 즉 아시아의 국제관계라는 그림 속에서 대만 문제는 아직 해결되지 않은 편법으로 존재하는 것이다. 이런 편법이 너무나도 위험하게 남은 이유는 미·중 양국이 대만의 지위 또는 대만과 관련한 서로의 행위를 아시아 권력구조에서 각자의 위치를 가늠하는 중요한 지표로 보기 시작했기 때문이다. 중국은 이곳을 귀찮고 다루기 힘든 성省으로 여기고 있지만 대만을 되찾기 위해 무력을 행사할 권리를 주장할 경우, 중국이 강대국으로 복귀했음을 알리는 상징적 사건으로 비칠 수 있다. 반면 미국으로서는 중국의 이런 모습을 막아내는 능력이야말로 지역 문제의 중재자이며 아시아 주요 국가로서 자신의 우월적 지위를 보여주는 잠재적 징표다.

현상유지가 지속되는 한 이런 애매모호한 상태는 해결되지 않은 채 상존할 수 있다. 양국은 그런 식으로 놔두는 것에 만족했다. 그러다 보니 대만 문제는 어떻게든 사라질 것이라고 쉽게 믿었다. 그러나 너무 낙관적인 생각이다. 대만 문제가 다시 불거질 가능성은 두 가지로 요약된다. 우선, 현상유지는 대만의 정치상황에 달려 있다. 미래의 대만 지도자가 중국이 강력하게 반발하는 독립 문제를 꺼내들 경우, 미·중 대결 국면의 방아쇠는 쉽사리 당겨질 수 있다. 이러한 위험성은 대만 독립을 주장한 천수이볜陳水扁 총통에서 중국과 좀더 친화적인 마잉주馬英九 총통으로 권력이 교체되면서 어느 정도 사라진 것처럼 보인다. 그렇지만 대만 독립을 소리 높여 요구하던 분위기가 완전히 바뀌었다고 생각한다면 오산이다. 둘째, 미·중 간 대만 문제를 둘러싼 온도차는 다른 광범위한 관계들 속에서 수시로 달라질 수 있다. 만일 경쟁의식이 격화된다면 대만은 쉽게 전략적인 논란거리로 부상할 수도 있다.

대만 문제를 놓고 미국은 어느 정도 선택을 해야 한다. 그 선택은 그리 쉽지 않을 전망이다. 먼저 근본적인 권력 역동성을 개관해보자. 권력 역동성은 가차 없이 중국 쪽으로 흘러가고 있다. 대만 방어라는 미국의 공약은 중국이 미 본토에 대한 핵공격을 감행할 수 있게 되면서 신뢰를 잃기 시작했다. 게다가 중국의 군사·경제적 힘이 세지면서 공약은 점점 더 약화되고 있다. 현재 어느 미국 지도자도 대만 문제를 놓고 중국과 분쟁을 벌일 경우 감당해야 할 무지막지한 경제적 대가를 무시하지 못한다. 뿐만 아니라 서태평양에서 미국이 작전을 벌일 경우, 중국으로부터 받게 될 피해의 위험부담도 무시할 수 없다. 무엇보다 정신 번쩍 들게 하는 것은 핵이다. 어떤 미국 지도자도 대만 문제를 놓고 중국과 분쟁을 벌일 경우 미국 내 주요 도시가 끔찍한 핵공격을 받게 되는 위험부담을 감수할 수 없다.

그러므로 미국은 냉엄한 선택에 직면해 있다. 즉 미국은 대만이 국제질서에서 차지하는 현재 지위가 중국과 전쟁을 감수하면서까지 보호해야 할 만큼 중요하다고 판단할까? 만일 분쟁을 벌인다면 계획한 기간 안에 마무리지을 수 있을까? 어떤 형태로든 더 나은 대만을 국민에게 남겨주고 중국의 적대 행위를 종식할 방법이 미국에게 있을까? 이러한 질문에 대한 대답은 중요한 메시지를 담고 있다. 미국은 더 이상 중국이 대만을 무력 점령하는 것을 막을 수 없다. 양국이 전쟁을 벌일 경우 미국은 대만의 지위가 지닌 가치보다 더 많은 비용을 지불해야 한다. 또 대만은 중국에 강제로 통일되는 것보다 더 형편이 좋지 않을 듯하다.

만일 이런 전망이 옳다면 미국은 중국으로부터 대만을 더 이상 보호할 수 없으며, 대만 보호가 가능하다고 믿었던 정책은 지속될 수 없다. 그렇다면 어떤 정책이 이를 대체할 수 있을까? 첫 번째 단계는 미국의 이해관계가 무엇인지, 상이한 결과에 따라 이해관계는 어떤 영향을 받는지 명확하게 직시하는 것이다. 전략적으로 볼 때, 양안의 통일이 미국의 이해관계에 해가 된다고 판단할 근거도 없다. 사실 중국과 대만의 통일은 서태평양에서 미 · 중의 전략적 균형에 아무런 영향을 미치지 않는다. 정치적으로도 미국은 대만이 중국과 병합되든 분리되든 간에 강제로 통일되지 않는 한 아무런 직접적 이해관계가 없다.

그러므로 대다수 대만 주민의 의사에 따라 통일이 이뤄진다면 미국은 이를 반대할 아무런 이유가 없다. 많은 사람들은 양안의 경제 · 사회적 교류가 활발해지면서 정확히 이런 방향으로 접어들었다고 믿는다. 이것은 중국도 원하는 방향이다. 그러나 미국은 현재 이런 결과를 은근히 반대하고 있다. 설령 통일이 평화적으로 이뤄지더라도 미국은 통일을 지지하는 의사를 표명하지 않을 것이다. 이는 미국에도 대만에도, 득될 게 없는 태도다. 미국은 궁극적으로 대만과 중국의 합의에 의한 평화통일을 반대할 이유가 없다. 도리어 그것을 장려할 만한 이유는 충분하다.

THE CHINA CHOICE

그러므로 궁극적으로 아시아에서 무엇이 미국에 중요한 문제인지 주의 깊게 고려해보는 것이 중요하다. 우월적 지위가 왜 중요한가? 궁극적으로 달성해야 할 국가적 목표는 무엇인가? 이 목표들을 달성하기 위한 최선의 방법이 우월적 지위를 유지하는 일인가? 그리고 아시아에 다른 접근법을 적용하는 것은 그런 목표에 도움이 될까?

CHAPTER 6

미국의 선택,
미국의 목표

미국의 선택들

우리는 미국이 중국을 어떻게 다룰 것인지 중요한 결정의 순간에 직면한 배경을 살펴보았다. 이제 미국의 선택 자체에 초점을 맞춰보자. 아시아에서 자신의 리더십에 도전하는 중국에 맞서 미국이 할 수 있는 방식은 본질적으로 세 가지가 있다. 첫째, 미국이 중국에 일정 영역을 양보한 뒤 아시아 문제에서 맡았던 자신의 주요한 역할에서 빠져나오는 것이다. 둘째, 중국의 도전에 맞서 자신의 우월적 지위를 유지하기 위해 노력하는 것이다. 마지막으로, 아시아에 계속 머물면서도 중국과 권력을 나누는 새로운 질서를 구축해 자신만의 새로운 역할을 만들어내는 것이다.

미국 지도자들이 아무리 이 문제를 회피하고 싶어도 태평양 양쪽의 정치인과 여론은 세 가지 대안 중 하나를 반드시 선택해야 한다고 나는 확신한다. 미국 국민은 자신의 조국이 여전히 아시아를 이끌고 있는지, 왜 이끌어야 하는지, 그 결과 어떤 의무와 책임감을 떠안게 되는지 궁금해한다. 중국 국민은 자국이 현재 리더로 인정받고 있는지, 아니면 여전히 2류 국가로 취급받는지 분명히 알고 싶어한다. 만일 새로운 지위를 명백히 인정받지 못했다면 중국은 더 부단히 노력해 쟁취하려 할 것이다. 우방과 동맹국은 미국이 아시아에서 앞으로도 주도적인 역할을 할 것인지, 만일 그렇다면 미국의 역할은 무엇이며 이러한 상황이 자신에게 무엇을 의미하는지 알 필요가 있다. 이런 의문점을 언제까지나 애매하게 남겨둘 수 없다. 조만간 미국은 행동으로 자신의 선택을 분명히 알리게 될 것이다. 설령 지도자의 말은 그렇지 않더라도 말이다. 그렇다면 궁금해진다. 미국은 세 가지 대안 중 무엇을 선택해야 할까? 이 질문에 답하기 위해서 우리는 먼저 각각의 대안이 미국과 아시아에 무엇을 의미하는지 살펴봐야 한다.

후퇴 | 누가 봐도 미국이 중국의 부상에 밀려 '후퇴'라는 대응을 할 것 같지는 않다. 미국 지도자들이 자주 말하듯이 한 세기 동안 미국은 아시아에서 주요 열강이었으며, 이 지역에서 미국의 이해관계는 과거에도 현재도 매우 중요하다. 사실상 아시아가 점점 세계 정세의 중심으로 부상하는 상황에서 미국이 아시아 국가로 남아야 할 이유는 그 어느 때보다 많아 보인다. 어쨌든 미국은 자신이 선택해 아시아 국가가 된 것이다. 이 선택의 결과 장기적으로 혜택이 크다고 믿는 한 미국은 아시아 국가로 머물 것이다.

오랫동안, 특히 1972년 이후 이런 균형은 아주 긍정적이었다. 즉 압도적으로 우월한 지위를 이용해 미국은 상대적으로 적은 비용으로 엄청난 혜택을 누렸다. 미국 정치지도자와 정책분석가들은 이러한 구도가 언제까지나 긍정적으로 작용할 것이라는 가정 하에 미국이 아시아에서 열강의 지위를 계속 유지할 것이라고 말하는 경향이 있다.

물론 이것은 미국이 독보적인 아시아의 리더로 군림하는 한 올바른 가정이었다. 그러나 중국이 강성해질수록 중국의 압력에 맞서 기존의 지위를 유지하는 데에는 더 많은 비용이 들 것이다. 더 많은 군사력을 아시아에 배치하고, 동맹국과 우방에 대한 지원도 늘려야 한다. 만일 아시아에 머무는 것이 중국과의 경쟁구도 속에서 경제적 비용과 전략적 위험을 감수하고 권력 분담의 정치적 비용까지 내야 하는 것이라면(그리고 이것이 유일한 대안이지만), 많은 미국인에게는 아시아에서 후퇴하는 쪽이 더 진지하고 매력적인 대안으로 보이기 시작할 것이다.

아시아에서의 후퇴는 미국인에게 어떤 의미일까? 중국은 아시아 질서의 정점에 있는 미국의 지위를 차지해 오래된 자신의 열망을 충족시키고 싶어한다. 많은 것은 중국이 자신의 힘을 어떻게 사용하고, 다른 아시아 국가가 여기에 어떻게 반응하는가에 달려 있다. 중국이 솜씨 좋게 먼로독트린과 같은 리더십을 발휘하는 것에 만족한다면 그리고 이웃국가가 중국의 리더십을 인정한다면, 아시아는 미국 없이 합리적으로 그럭저럭 유지될지 모른다. 그러나 중국의 리더십이 가혹하고 억압적인 것으로 판명날 경우 일본, 인도와 같은 국가의 격렬한 저항에 부딪힐 것이다. 그렇게 되면 아시아는 강대국 간 분쟁으로 분열되는 암울한 미래를 맞고 만다.

그러므로 미국의 후퇴는 중국의 패권을 완성하기보다 중국과 이웃 국가 간 장기적 분쟁을 야기할 가능성이 높다. 즉 중국이 우월적 지위를 확보하려고 해도 결국 실패할 것이다. 앞서 살펴봤듯이 아무리 중국이 강력해지더라도 아시아 주요 국가가 저항한다면 아시아를 지배할 만한 능력을 발휘할 수 없다. 미국이 빠진다면, 아시아는 조만간 심각한 수준의 전쟁을 치르며 고전적인 세력균형을 유지하는 형태로 분열될 것이다. 어느 정도 강력한 미국의 존재감 없이는 아시아에서 안정적이고 평화로운 미래를 기대하기는 어려워 보인다.

경쟁   중국의 도전에 대한 미국의 가장 자연스럽고 본능적인 대응은 밀쳐내는 것이다. 이는 단지 세계에서 가장 생기 넘치는 지역에서 갖는 우월적 지위가 미국의 전략적이고 경제적인 이익에 보탬이 됐기 때문만은 아니다. 밀쳐내는 것이 그 어떤 선택보다도 미국이라는 이미지에 가장 잘 어울리기 때문이다. 즉 중국과 리더십을 놓고 경쟁하는 것은 이제 미국에게 피할 수 없는 선택이 됐다. 그렇지만 경쟁의 결과는 무엇이 될까? 세 가지 가능성이 있다.

첫 번째 시나리오는 중국이 조만간 패배를 인정한 뒤 미국의 리더십을 다시 받아들이기로 결정하는 것이다. 짐작컨대 이는 중국과의 경쟁을 옹호하는 사람들이 바라는 방향이다. 그들은 미국이 많은 노력을 하지 않아도, 주요한 군사 분쟁이나 경제적 파열음을 감수하지 않아도, 중국이 빠르게 붕괴할 것이라고 가정했다. 불가능한 가정은 아니지만 아주 먼 훗날에야 개연성이 있는 얘기다. 또 중국이 도전을 간단히 포기할 것이라는 가정은 중국의 도전이 그렇게 심각하지 않으며 도전할 수단이나 방법이 없다는 사실을 그들이 곧 깨닫는 것을 전제로 하지만 3장에서 살펴봤듯이 타당하지 않은 전제다. 중국의 도전이 심각하지 않다는 얄팍한 희망에 근거해 미국이 중국과 같은 강력한 국가와 경쟁하기로 판단하는 것은 현명하지 않다. 현재 중국은 미국과 경쟁할 능력도 있고 그럴 만한 의지도 지녔다. 그러므로 그들이 강대국의 지위를 회복하기 위해 미국의 리더십에 도전하기로 결정했다고 가정하는 쪽이 훨씬 더 현명하다.

두 번째 시나리오는 중국이 성장하면서 정치체제가 근본적으로 변화하고, 미래 어느 시점에 결국 미국의 우월적 지위에 근간한 국제질서가 자신에게 가장 유리하다고 결정하는 순간이 오는 것이다.[20] 불가능한 시나리오는 아니지만 현실화될 것 같지는 않다. 이들은 중국이 정치적·이념적으로 변할 것이라고 가정한다. 지금껏 지켜봤듯 확신하기 힘든 예견이다. 중국의 일당체제는 상황에 적응하고 자기 역할을 찾아내면서 오래 지속될 수 있다. 이들은 또 정치·이념적 차이 때문에 중국이 미국에 도전하는 것이라고 가정한다. 단순한 민족주의야말로 야망을 키우는 주요 원동력이며 급진적 정치 변화를 겪더라도 사라지지 않는다는 것이다. 하지만 이러한 시나리오는 중국의 태도에 대한 미국의 행위 효과를 간과했다. 미국의 우월적 지위를 받아들이도록 강요할수록 중국은 더욱 강하게 맞설 것이다. 시간이 지나면 중국이 태도를 바꿔 미국의 우월적 지위를 인정할 것이라고 정말로 믿는다면, 가장 좋은 정책은 뒤로 물러서서 중국에게 충분한 여유를 주는 것이 아닐까. 그래야 미국의 우월적 지위가 중국 자신에게도 득이 된다는 점을 설득하기 쉬워지기 때문이다.

세 번째 시나리오는 미국의 압력으로 중국이 도전을 포기한다는 것이다. 어떻게 이런 일이 일어날까? 이는 양국 간 힘과 의지의 균형에 부분적으로 달려 있다. 미국이 얼마나 강하게 밀어붙이고 중국은 또 얼마나 강하게 반발할까? 강대국이 되어 강대국으로 대접받고 싶어하는 중국의 투지와 이에 대한 비용을 지불하는 미국의 의지는 어떻게 서로 부합할까? 아무도 확신할 수는 없지만 대체적인 전망은 양국이 상대방에게 압력을 가하는 능력은 엇비슷하지만 투지에 있어서만큼은 중국이 분명 앞선다는 것이다. 두 나라는 힘에 있어서 서로 필적한다. 미국이 중국보다 정치적 · 외교적 영향력을 좀더 강하게 발휘할 수 있는 반면 중국은 경제적 · 재정적 압력을 행사할 수 있다. 앞서 살펴보았듯이 군사력과 지역적 지원 측면에서 미국의 이점은 생각보다 약한 것으로 드러났다. 중국은 좀더 단호할 것이다. 이런 문제야말로 자신의 국제 지위에 대한 근본적인 의문과 맞닿기 때문이다. 미국은 아시아에서 열강의 지위를 포기하지 않고도 우월적 지위를 포기할 수 있다. 하지만 중국은 미국의 우월적 지위를 받아들일 경우, 아시아나 다른 지역에서 강대국이 되고자 하는 야망을 포기해야만 한다. 그리고 중국에게 아시아는 안방이나 다름없다. 미국이 서반구에서 자신의 역할을 강조하는 것과 마찬가지로 아시아에서 중국의 지분은 언제나 그리고 궁극적으로 미국보다 많다. 이 모든 사실들은 장기간의 값비싼 투쟁을 감수하지 않는 한, 아시아에서 미국의 우월적 지위를 중국이 받아들이도록 강요하는 정책은 현명하지 못하다는 것을 시사한다.

따라서 중국은 패배를 인정하고 종속적 역할에 머물지는 않을 것 같다. 미국이 중국과 경쟁을 벌이기로 결정했을 경우, 결과에 따라 미국은 비용과 위험부담을 감당할 수 없다는 사실을 인정하고 패배를 받아들여야 하는 상황에 직면할 수도 있다. 사실 이런 결과는 현실성이 없어 보인다. 중국과 라이벌 관계를 분명히 한다면, 미국이 패배를 인정한다는 건 상상조차 할 수 없는 문제가 될 것이다. 미국으로서는 이런 상황을 피하는 게 곧 원래 목표보다도 중요해질 것이며, 중국이 먼저 몰락하길 바라면서 대결을 고조시켜야 하는 엄청난 압박에 직면하고 만다. 이것이 초래할 결과는 뻔하다. 중국의 반대를 무릅쓰고 미국이 우월적 지위를 유지하려 한다면, 십중팔구 세계에서 가장 강한 두 나라 간의 전면적이고 무제한적인 전략적 경쟁이 벌어질 것이다. 중국이 도전을 포기하지 않기로 결정다면 미국의 견제에 맞서 자신만의 방법을 행사면서 미국이 현실을 받아들이든지 아니면 더욱 긴장을 고조시키든지, 둘 중 하나를 선택하도록 압박할 것이다. 미국은 이런 상황을 인정하기 쉽지 않을 듯하다. 그래서 데이비드 퍼트레이어스 전 중앙정보국CIA 국장은 이런 말을 했다. "어떻게 해야 이를 끝낼 수 있을까?"

공유 │ 미국의 세 번째 대안은 중국과 권력을 공유할 방법을 찾는 것이다. 이는 권력의 재분배에 맞춰 정치적 권위와 영향력을 새롭게 나누기 위한 협상이 필요하다는 뜻이다. 미국의 목표는 아시아에서 자신의 권위와 영향력을 최대화하고 중국의 영향력은 최소화하는 동시에 긴장이 고조되는 상황을 피하는 것이다. 다시 말해 중국이 만족하는 최소한의 선까지만 두 나라 사이에 영향력을 나누겠다는 의미이다. 그러므로 권력 분배 합의에 이르기까지는 외교적이나 정치적으로 두 나라에게 매우 힘들 것이다. 미국의 시각으로 봤을 때, 중국과의 권력 분점은 아시아에서 정치적 권위와 영향력을 크게 희석시키는 것을 의미한다. 그렇지만 확신컨대 미국과 동등하게 지역 리더십을 양분하지 않는 한 중국은 만족하지 않을 것이다. 중국과 타협에 이르기 위해서 미국은 중국을 동등하게 대접할 각오를 해야 한다. 결코 쉽지 않은 일이 될 것이다. 이런 모습이 어떻게 작용할지는 추후에 구체적으로 살펴보겠다.

미국의 목표

미국은 세 가지 대안 중에서 하나를 선택해야 하는 어려운 순간에 맞닥뜨렸다. 첫 번째 도전은 본질적인 장기 목표들을 똑바로 인식하는 것이다. 시간이 지나면 이런 목표들은 그 수단과 쉽게 혼동될 수 있다. 다른 말로 하면 단지 수단을 보존하는 것만으로도 목표를 획득했다고 착각하기 십상이다. 미국의 리더십, 군사력, 동맹국, 미국을 지원하는 이해심 등은 오랫동안 잘 작동해서 우월적 지위라는 목표를 이루기 위한 수단이라기보다 그 자체가 목표인 듯 잘못 비치곤 했다. 그러므로 궁극적으로 아시아에서 무엇이 미국에 중요한 문제인지 주의 깊게 고려해보는 것이 중요하다. 우월적 지위가 왜 중요한가? 궁극적으로 달성해야 할 국가적 목표는 무엇인가? 이 목표들을 달성하기 위한 최선의 방법이 우월적 지위를 유지하는 일인가? 그리고 아시아에 다른 접근법을 적용하는 것은 그런 목적에 도움이 될까?

얼핏 보기에 아시아에서 미국의 존재 이유는 충분해 보인다. 이미 관용어가 된 표현 그대로, 아시아는 미국의 가장 오래되고 친숙한 동맹이 있는 곳이다. 많은 미국인은 자신의 기원을 아시아에서 찾는다. 미국은 한 세기 동안 아시아의 강국이었다. 무엇보다 아시아는 현재 세계에서 가장 역동적인 지역으로 미국 경제에서 중심이 됐다. 이러한 사실들은 냉전 이후 아시아의 리더십을 놓고 왜 미국이 물러서지 말아야 하는지를 미국인에게 상기시키기에 충분했다. 하지만 이제 미국은 좀더 복잡한 선택의 순간에 직면했다. 그리고 이러한 현실을 더 진지하게 직시해야 한다. 문제는 단순히 아시아에서 머물 것이냐 떠날 것이냐가 아니라 미국의 관여 '형태'에 관한 것이다. 이렇듯 미묘한 판단을 하기 위해서는 아시아가 미국에게 왜 중요하며, 그 중요도는 얼마인지에 대한, 좀더 구체적인 평가가 필요하다. 사람과 비슷하게 국가도 세 가지 기본요소 분석을 통해 올바른 논의를 이끌어낼 수 있다고 생각한다. 그 세 가지는 번영과 안보 그리고 정체성이다.

번영 아시아에서 미국이 추구하는 가장 분명한 목표는 세계 경제의 핵심으로서 수출시장과 수입원, 투자처, 금융 중심지와 같은 혜택을 계속 누리는 것이다. 여기에는 두 가지 전제가 있다. 첫째, 아시아 경제가 지금처럼 생기 있게 성장할 필요가 있다. 둘째, 아시아 경제가 미국 기업에게 개방될 필요가 있다. 이 둘은 서로 얽혀 있어서 구분하기가 쉽지 않지만 따로 떼어 다각도에서 바라볼 필요가 있다.

첫 번째, 아시아가 지속적인 경제성장을 이루기 위해서는 반드시 평화와 안정이 유지돼야 한다. 그러므로 아시아의 안보는 미국의 경제적 이해관계와 직결된다. 지난 40년간 아시아는 평화로운 상태였다. 미국의 우월적 지위가 있었기 때문이다. 아시아 안보와 미국의 우월적 지위와의 연관성은 너무나 명백했다. 이제 그런 연관성이 더이상 지속되지 않을 수도 있는 새로운 시기로 접어들었다. 미국의 우월적 지위가 아시아 평화 유지에 있어 가장 좋은 방법이 아닐 수도 있는 현실이 도래한 것이다. 미국의 우월적 지위가 중국과의 경쟁을 의미한다면, 이는 아시아 안보를 약화시키고 경제성장을 방해하거나 후퇴시킬 가능성이 높다. 그리고 이것은 미국 경제에 후폭풍으로 작용한다. 향후 몇 년 안에 미국은 우월적 지위를 유지하는 정책이 결과적으로 자국의 경제적 이해관계를 해친다는 사실을 알게 될 것이다. 반대로 미국이 아시아에서 후퇴한다면? 이 역시 똑같은 위기를 초래할 수 있다. 강력한 미국의 존재감이 사라질 경우, 아시아 주요 강대국들은 복잡하게 얽힌 경쟁관계를 스스로 해결해야 하는 숙제를 떠안게 되고, 이는 심각한 경제적 결과로 이어질 게 뻔하다. 결국 미국이 아시아에서 최선의 경제적 이해관계를 충족하기 위해서는 후퇴하지도, 우월적 지위를 놓고 경쟁하지도 말아야 한다.

두 번째, 미국 경제의 미래는 아시아의 지속적 역동성에 의존할 뿐 아니라 아시아 시장에 대한 접근성에 달려 있다. 최근 수십 년간 경제개방과 통합에 대한 논의는 주로 미국이 앞장서서 주장해왔다. 개방은 이제 모든 이에게 장기적으로 혜택이 되었다. 중국과 다른 아시아 국가 역시 경제개방의 수혜자가 될 게 분명해 보인다. 그리고 그들에게는 미국의 우월적 리더십이 더 이상 필요하지 않을 것이다. 게다가 미국과 중국의 전략적 라이벌 관계는 태평양 지역의 무역에 가장 심각한 위협이 될 수가 있다. 라이벌 관계가 경제 분야로까지 확산되어 이 지역 투자와 무역에 악영향을 미치기 때문이다.

안보　번영은 하나의 목적이지만 안보는 별개다. 거의 한 세기 동안 서반구 외에서 미국의 전략에는 하나의 근본적인 목표가 있었다. 미국은 북미 대륙의 안보를 위협하고 미국의 해양 접근에 맞서 힘을 투사하는 능력을 가진 강대국이 유라시아 대륙에서 출현하는 것을 적극적으로 견제했다. 1917년, 미국은 전 유럽의 자원을 통제하는 독일 제국 및 다른 유라시아 강대국이 가할지 모르는 심각한 공격 위협을 두려워했다. 1941년에도 미국은 나치 독일과 일본 제국주의가 성공할 경우 똑같은 일을 저지를 수 있다며 두려워했다. 1945년 이후에는 소련이 가장 심각한 위협으로 다가왔다. 만일 소련이 서유럽과 일본의 주요 핵심지역에 대한 통제권을 보유했다면 좀더 심각한 위협감을 느꼈을 것이다. 그래서 미국은 20세기에 세 차례나 자신의 엄청난 역량을 동원해 많은 비용을 지불했다. 그리고 미국 본토를 위협할 만큼 강력한 국가가 유라시아에서 출현하는 것을 막기 위해 끔찍한 위험부담을 감수해왔다. 이는 서구를 넘어 오늘날까지 미국의 궁극적인 전략 목표로 남아 있다. 미국의 안보는 여전히 미국 본토를 향한 선제 핵공격을 포함해 직접적인 군사 위협을 행할 만한 국가 출현을 저지하는 데 달려 있다.

중국의 힘이 커지는 상황에서 미국인들은 수십 년 안에 중국이 그런 위협을 가할 수 있는지 묻게 될 것이다. 만일 그렇다면, 다소 나중에 발생할 일일지라도 그 가능성을 고려해 중국과의 관계를 설정하는 게 미국의 주요 전략적 목표여야 한다. 물론 세계 최대 경제권이라는 엄청난 잠재력을 지녔지만 중국의 능력은 심각하게 제한된 상태로 머물 가능성이 크다. 중국은 아시아의 강대국 중 하나가 될 것이지만 다른 강대국들이 중국에게 지배당할 확률은 극히 낮다. 따라서 중국은 아시아에서 압도적인 패권을 형성할 기회를 얻지 못할 것이다. 이런 상황에서 중국이 미국을 위협하는 데 역량을 총동원할 수는 없다. 이런 이유로 크리스토퍼 레인 텍사스 A&M대 교수와 같은 '역외균형자론OffShore balancing' 옹호자들은 미국이 장기간 아시아에서 후퇴하더라도 중국의 이웃국가들이 힘의 균형을 잡아 중국의 유라시아 대륙 지배를 저지할 수 있다고 주장했다. 중국은 미국을 위협할 만큼 강력하게 성장할 수 없다고도 덧붙였다.[21] 만일 여러 가지 이유로 이웃국가가 힘의 균형을 잡는 역할을 못하더라도 미국이 물러서서 그들을 지원하고 북돋을 수는 있다. 신뢰성 있는 주장이지만 이 같은 불간섭주의적 접근법은 일부 사람에게 걱정을 끼친다. 그들은 다른 국가에게 중국 견제 역할을 맡기는 것이 현명하지 않다고 생각한다. 또 만일 이웃국가가 중국을 견제하는 역할에 실패하고 그 위협을 봉쇄하기 위해 미국이 직접 개입하는 상황에 이를 경우, 시기가 너무 늦거나 어쩌면 수습이 불가능하고 비용도 더 들 것이라고 주장한다. 이런 위험을 감수하는 게 결코 현명하지 않다는 논리이다.

역시 일리 있는 주장이지만 미국의 우월적 지위 유지를 위한 유일한 수단은 아니다. 아시아에서 미국의 지위를 유지하기 위한 방법은 여러 가지가 있다. 가령 중국의 힘을 견제하면서 군사적 옵션을 제약하는 것들 말이다. 역외균형론이라는 기치 아래 후퇴하는 것과 우월적 지위의 영구화라는 두 가지 극단 사이에 자리한 다른 가능성들도 있다. 이 가능성들은 각각 미국에게 이득을 안겨주고 양 극단의 불이익을 피할 수 있도록 한다. 사실 이는 미국이 전통적으로 아시아에서 해왔던 것들이다. 그 전까지 미국의 목표는 언제나 다른 국가의 아시아 지배를 막는 것이었을 뿐, 스스로 지배자가 되는 것은 아니었다. 어쩌면 이제 그런 목표를 회복시켜야 할 시기이다.

정체성 많은 사람들은 아시아와 세계에서 번영과 안보라는 미국의 목표는 자국의 이해관계를 뛰어넘는다고 믿는다. 미국은 '지구의 마지막이자 최고의 희망'이라는, 미국적이면서도 보편적인 가치를 증진해야 한다는 것이다. 많고 많은 여러 국가 중 하나가 아니라, 나머지 모든 것으로부터 구별되는 하나라는 미국적 예외주의는, 모든 미국인의 정치적 인성人性에 깊숙이 스며든 미국의 원동력이다.

미국적 예외주의는 미국인이 아닌 사람에게 놀림감이 되기 쉽지만 많은 분야에서 이는 냉정한 현실의 반영이기도 하다. 미국은 독특하다. 경제와 권력에서만 그런 것이 아니다. 한 세기 이상 미국은 세계 평화와 질서, 경제 발전, 정치 발전, 과학, 기술, 예술 분야에 기여했다. 이런 공헌은 아주 예외적인 것이었다. 하지만 그럼에도 질문은 계속된다. 즉 아시아에서 향후 수십 년은 더 지속될 이 모든 것은 미국에게 무엇을 의미하는가? 아시아의 모든 문제에 관여해 독특한 역할을 유지하는 것 자체가 미국의 주된 목표인가?

한 가지 확실한 사실은 아시아에서 주도적인 강대국의 위치를 유지하기 위해 미국은 분투해야 한다는 점이다. 주도적 국가로 남는 것이 경제나 안보 이익에 부합하기 때문이 아니라 리더십이 미국만의 독특한 본성에 걸맞은 유일한 역할이기 때문이다. 그럼에도 이것만으로는 충분해 보이지 않는다. 한 나라가 다른 나라를 이끌어가도록 운명지어졌다는 생각은 미국만 지닌 독특한 신념이 아니다. 일정 단계에 오르는 모든 강대국은 자신이 세계를 이끌도록 부름받았다고 믿는다. 진정한 도덕적 힘을 갖기 위해서, 미국적 예외주의는 자신을 위해 리더십을 행사하려는 욕구를 넘어야 한다. 그래야 미국의 자아상을 돋보이게 할 수 있다. 대부분의 미국인은 자신의 조국이 평범함을 뛰어넘는 무엇인가를 부여받았다고 말한다. 바로 가치다. 그들은 미국이 아시아를 이끌어야 한다고 믿는다. 이유인즉, 그러한 리더십만이 미국적 가치를 증진할 수 있으며, 그 가치의 증진이 미국이 바라는 것이라고 말한다.

때로는 이런 믿음이 구체적인 이해관계로 표현되기도 한다. 가령 미국은 이러한 가치를 공유하는 세계에서만 진정으로 안전할 수 있다는 것이다. 그렇다면 부강한 중국과 격렬한 분쟁을 벌이는 것 혹은 미국의 모든 가치를 추종하지 않는 일부 국가와 공존하는 것 중 어느 쪽이 덜 안전할까? 대답은 명확하다. 이론적으로 미국은 자신의 가치가 널리 확산되어야 좀더 안전해질 수 있을지 모른다. 하지만 현실적으로 볼 때 자국의 가치를 확산시키려 노력할수록 오히려 미국은 더 불안전해질 수 있다. 특히 미국의 리더십에 저항하는 강대국에게 이를 강요할 경우 더욱 그렇다.

종종 미국은 국가를 더 부유하고 튼튼하게 만들기 위해 미국의 가치를 강조하는 게 아니라, 그 가치 자체가 선善이며 국가 정체성과 밀접하게 연관돼 있다고 주장해왔다. 그 결과 미국의 가치는 덜 실용적이며 더 절대적인 용어로 고정돼버렸다. 미국은 자신의 가치를 증진하고 거기에 충실할 자유가 있다. 나아가 그것은 자국의 정체성을 선명하게 드러내는 도구이다. 미국이 본토에서 자신의 가치를 수호하고 증진하는 것을 그 누구도 만류하지 않는다. 이는 어떤 희생보다도 더 높은, 최선의 국가 목표다. 하지만 다른 국가에서까지 미국의 가치를 실현하고 확장하려는 것은 전혀 다른 문제다. 미국의 정체성이 다른 국가에도 쉽사리 적용될 거라고 상상하는 것이야말로 인류 보편의 정체성을 미국이 구현하고 있다는 위험한 믿음을 은연중에 시사한다. 잠시 멈춰 생각을 해본다면, 여기에 동의할 미국인은 거의 없을 것이다.

같은 일이 국제질서에도 적용될 수 있다. 미국의 가치와 질서 사이의 조화가 얼마나 절대적일까? 한 가지 평범한 대답은 미국의 가치가 미국이 주도하는 현재의 질서를 세계 구석구석까지 유포하는 것을 목표로 삼는다고 말하는 것이다. 이것은 실상 미국이 현상유지 자체를 목표로 하겠다고 주장하는 부정한 방법이다. 좀더 세련된 주장은 미국의 가치가 유엔헌장으로 형성된 국제질서의 핵심원칙을 유지하는 것을 필요로 한다고 말하는 것이다. 나중에 보겠지만 그것이 좀더 방어하기 쉬운 명제라고 나는 생각한다.

여기서 결론은 가치에 관한 미국의 주장이 무게감을 얻으려면 이를 위해 기꺼이 비용을 지불하고 위험을 감수하겠다는 의지를 보여야 한다는 사실이다. 그것만이 아시아에서 미국의 미래를 결정할 것이다. 미국이 유엔헌장에 명시된 국제법상 무력사용 금지조항을 수호하기 위해 중국과 장기적 라이벌 관계에 돌입하는 것과 중국과의 분쟁 위험성을 감수하겠다고 말하는 것은 별개의 문제다. 즉 현존 국제질서의 모든 양상을 수호하기 위해 싸우는 것과는 차원이 다르다. 중국의 부상에 어떻게 대응할지 미국 지도자들이 결정하는 순간, 그들이 직면할 도덕적 선택은 어느 한 쪽의 가치와 다른 쪽의 이해관계 사이의 선택이 아니다. 그것은 특정 질서 유지라는 가치와 전쟁의 위험성을 최소화하고 평화를 유지하는 가치 사이의 선택이다.

미국적 가치를 고려해 중국에 대응할 수 있는 세 가지 대안의 장점을 살펴본 결과, 아시아에서의 후퇴는 좋지 않은 선택으로 보인다. 불안정과 갈등이라는 비용을 지불해 중국과 경쟁함으로써 우월적 지위를 영구화하려는 결정 또한 현명하지 않은 선택임을 쉽게 알 수 있다. 그렇다면 협상을 통해 권력을 공유하고 규제규범의 핵심내용을 보존해가는 세 번째 대안은 어떨까. 새로운 질서 속에서 분쟁의 위험을 줄이는 쪽이 미국의 이해 혹은 가치에 훨씬 더 부합한다고 보기는 어려울까. 평화 역시 중요한 가치다.

THE CHINA CHOICE

최근 들어 새롭게 나타나는 경향은 중국이 미국의 희생을 발판으로 삼아 아시아에서 자국 리더십을 확장하려는 의지를 노골화시킨다는 점이다. 중국은 미국에 이 같은 야심을 분명하게 드러내고 있다. 나아가 중국은 미국의 반응에 대한 결과까지 기꺼이 감수하겠다는 태도다. 아주 최근까지도 중국은 경제성장과 함께 생긴 힘과 야망을 가능한 은폐하려 했다.

CHAPTER 7

경쟁의 현실

봉쇄정책과 그 이후

미국의 대중對中 정책과 관련해 각각의 대안에 포함된 위험부담을 분명하게 이해하는 것은 매우 중요하다. 중국이 아시아의 패권을 잡았을 경우 미국이 떠안게 될 위험성은 너무나도 명백하다. 중국과의 전략적 경쟁에 따르는 위험성은 틀림없이 심각하고 긴급한 상황일 것이다. 아시아에서의 미래 역할에 대한 두 나라의 경쟁심리 고조는 더 이상 미래가 아닌, 현존 위험이다. 두 나라는 많은 문제를 협조적으로 처리해왔으며 현재 공존할 수 없는 지경에 이른 것도 아니다, 하지만 양국은 상대적 우위를 확보하고 유지하는 데 초점을 맞춰 주요한 군사·외교적 우선순위를 정하는 수준에 도달한 상태다. 나아가 서로 유리한 위치를 차지하기 위해 두 나라 간 협력관계에 해가 되는 위험부담까지 감수하려는 경향이 점점 강해지고 있다.

1970년대 이래, 중국이 대외정책 최우선 순위에 미국을 둔 것은 전혀 새로울 게 없다. 그런데 1996년부터 서태평양에서 미국의 군사적 지위를 약화시키는 것이 중국 국방 부문의 우선순위가 되기 시작했다. 최근 들어 새롭게 나타나는 경향은 중국이 미국의 희생을 발판으로 삼아 아시아에서 자국 리더십을 확장하려는 의지를 노골화시킨다는 점이다. 중국은 미국에 이 같은 야심을 분명하게 드러내고 있다. 나아가 중국은 미국의 반응에 대한 결과까지 기꺼이 감수하겠다는 태도다. 아주 최근까지도 중국은 경제성장과 함께 생긴 힘과 야망을 가능한 은폐하려 했다. 중국의 부상이 불러올 수 있는 주변국의 저항을 최소화하기 위해 덩샤오핑이 취하던 정책을 충실히 따른 것이다. 하지만 2009년 전후로 (아마도 세계 금융위기와 맞물려) 중국은 국제 경제와 재정, 기후 변화에서부터 동·남중국해의 해양 문제 등 다양한 분야에 목소리를 높이기 시작했다. 중국은 점차 전 세계 및 지역 리더로서 미국 지위의 성패가 달린 여러 문제(종종 그 자체로는 사소한 것이지만)를 놓고 대립각을 세우는 위험을 감수했다. 이러한 중국의 태도는, 여러 어려움에도 불구하고 미국을 후퇴시키고 지위를 약화시키려는 의도로 읽혔다.

미국으로서는 중국으로 관심을 돌리는 것이 매우 새롭고 두드러진 변화였다. 과거 10년간 알카에다와 아프가니스탄, 중동에 쏠려 있던 미국의 정책 중심은 짧은 기간에 중국으로 급선회했다. 이는 오바마 행정부의 성명과 행동에서 분명하게 엿보일 뿐 아니라 공화당을 포함한 다른 쪽의 반응에서도 나타난다. 2009년 이후 미국 국제 지위의 가장 큰 위협은 중국이며 이에 대응하는 것이야말로 가장 중요한 대외전략의 우선순위라는 분명한 공감대가 워싱턴 정가에 형성됐다. 군사 분야에 있어서 이러한 내용은 새로운 전략 문건에 분명하게 표현되었고 무엇보다 '아시아 회귀' 정책에 반영됐다.[22] 오랫동안 중국 인민해방군의 주요 임무는 미국과의 전쟁에 대비하는 것이었다. 현재 미군의 주요 임무는 중국과의 전쟁을 준비하는 것이며 그에 따라 활발하게 재편되고 있다.

미국 측면에서 볼 때 경쟁의식이 증가했다는 확실한 징조는 오바마 대통령을 비롯한 여러 지도자의 연설 수위와 오바마 행정부가 취한 정책기조 변화에서 찾을 수 있다. 오바마 행정부의 정책은 군사적 축을 아시아로 변경하는 것부터 경제활동의 새로운 축으로 환태평양 경제동반자협정TPP을 제안해 미국의 조건을 받아들이기 전까지 중국을 배제하려 노력한 것까지 다양하다. '봉쇄'라는 단어는 미국 대외정책에 있어 아주 강력한 언어이자 감정을 자극하는 함축적 의미를 갖고 있다. 최근 대중 정책 수립에 주도적으로 참여한 이들은 소련을 봉쇄했던 방식을 중국에도 적용하려 한다는 주장을 부인한다. 얄팍한 관점으로 얼핏 보자면 그들의 말이 맞다. 소련과 중국은 많은 차이점이 있다. 또 냉전 시기 미국과 소련의 관계와 현재 미·중 관계에도 많은 차이점이 있다. 가장 분명한 차이는 두 나라 간 강력한 이데올로기적 요소가 존재하지 않으며, 경제적 유대관계가 긴밀하다는 점이다. 그럼에도 불구하고 미국의 정책을 좀더 깊이 보면 소련 시절

취했던 봉쇄정책과 유사한 점들이 분명하게 드러난다.

점증하는 중국의 힘에 맞선 미국의 정책은 아시아의 질서체제에서 자신의 우월적 지위에 도전하는 중국을 저지하는 한편 중국에 유리한 실제적 영향력과 권위의 재분배를 방지하는 것이었다. 중국과 가까운 국가와 군사·외교적 연합을 구축해 이들이 중국에 더 많은 리더십 역할을 부여하지 못하도록, 반면 미국의 리더십을 계속 인정하도록 유도하는 데 정책 목표를 뒀다. 봉쇄정책과 흡사한 방식이다. 그렇다면 여기서 필요한 질문은 그러한 정책 목표가 어디로 갈 것인가이다.

완만한 긴장 고조

한 가지 가능성은 두 나라의 라이벌 관계가 점차 긴장을 고조시킬 수 있다는 점이다. 그럴 경우, 두 나라는 상대방을 전략적 적대국으로 간주할 수밖에 없다. 이는 몇 가지 방식으로 나타날 것이다. 두 나라는 군사력 증강에 점점 더 무게를 두고, 상대방의 위협을 근거로 이를 정당화할 것이다. 양국의 라이벌 관계는 제3의 문제에 대한 접근법에도 새로운 틀을 만들어낸다. 즉 갈등이 아니었다면 분리해서 쉽게 처리했을 이슈들을 상대방에게 이득이 되지 않는 방향으로 끌고 갈 확률이 높다. 양국은 다른 나라가 상대에게 하는 태도를 근거로 해당국을 판단하고, 제3국은 자신이 어느 한 편에 서야 한다는 강박에 사로잡히게 된다. 요약하자면 미·중 관계는 과거 미·소 관계와 같은 제로섬 게임의 성격을 띠게 될 것이다.

그럼에도 초기에는 두 나라가 경제적으로 밀접하게 상호의존할 것이다. 미·중처럼 경제적으로 밀접하게 의존하면서 동시에 전략적인 경쟁이 고조되는 사례는 지금까지 없었다. 낙관적인 관점은 두 나라간 핵심 경제관계를 보존할 경우, 긴장 고조를 미연에 방지할 수 있다는 시각이다. 그렇지만 앞서 살펴보았듯이 특히 지도자나 여론이 경제적으로 참혹한 결과를 인식하기 전에 정치적·정책적 라이벌의식이 추동력을 얻는다면, 낙관적인 관점은 아무 쓸모도 없어진다.

경제적 상호의존성이 긴장 고조를 막지 못한다면 두 나라 간 라이벌 관계가 경제에 중요한 영향을 미치는 순간에 도달할 것이다. 가령 어느 한 쪽이나 양쪽 모두 제로섬 게임의 전략적 경쟁관계에서 승리자로 인식되거나 패배를 피하기 위해 경제 기회를 포기하기로 한다면 말이다. 즉 라이벌 관계는 투자와 무역 결정을 바꾸는 시점까지 이르러 소버린리스크*를 야기할 수도 있다. 그 시점에 이르면 두 나라 기업은 상대방에 투자할지, 돈을 빌려줄지 여부를 결정하는 데 있어 국가 간 갈등이나 정치적 혼란의 위험성을 감안해야만 한다. 그러므로

---

* 한 국가의 채무상환 불능 혹은 부도 위험으로 부실한 민간에 대한 책임을 정부가 지게 되면서 결국 국가재정의 부실을 가져오고 이로 인해 국가 채무상환 불능이 일어나는 것을 말한다.

오래지 않아 상호의존이 긴장을 완화하기보다 고조된 라이벌 관계가 경제적 상호의존성을 약화시키는 결과를 낳는다.

양국 모두 이런 종류의 일이 일어나는 건 원치 않는다. 두 나라는 강력하고 유익한 경제관계 및 지난 40년간 이뤄낸 광범위하고 긍정적인 정치적 관계가 유지되길 원한다. 문제는 근본적으로 양립할 수 없는 기대에 대해 어느 한 쪽도 절충하길 원하지 않을 때 발생한다. 혹은 두 나라의 상충하는 야심이 상호이익에 얼마나 큰 위협이 되는지 어느 한 쪽도 심각하게 깨닫지 못할 때 일어난다. 긴장 고조 위험성은 그런 일이 일어나길 바랄 만큼 둘 다 멍청해서 발생하는 것이 아니라 양측의 극소수만이 그 위험성과 대처 방법을 알기 때문이다.

긴장이 고조된다면 어디까지 갈 수 있을까? 불행하게도 냉전 시기의 특징을 따라가기 전에 긴장이 멈추거나 후퇴할 것이라는 확신은 없다. 그런 까닭에 양국은 물론 넓은 의미에서 국제사회에까지 심각한 피해를 입힐 것이다. 국제사회 체제에서 다른 국가가 상황을 진정시키기 위해 할 수 있는 역할은 거의 없다. 두 나라는 세계에서 가장 강력하고 부유하며, 이들 국가의 영토와 힘은 다른 나라의 통제가 먹혀드는 수준을 뛰어넘기 때문이다. 게다가 그러한 경쟁관계는 다른 경쟁에서도 종종 그러듯 자신만의 추동력을 갖고 발전할 개연성이 있다. 확전으로 연결될 수 있는 중국의 행위들은 미국이 양국의 기본적 차이를 인정하고 타협하기보다 대결의지를 다지도록 부추긴다. 또 미국이 자신만의 행위로 대답할 필요가 있다고 확신하게 만든다. 고조되는 라이벌 관계 속에서 대화로 돌아가기는 매우 힘들다. 재빨리 어느 한 쪽이 물러나 타협을 시작하는 것은 아마 불가능해질 것이다.

빠른 긴장 고조

라이벌 관계가 완만하게 고조될 가능성만 있는 것은 아니다. 경고조차 없이 분쟁이나 전쟁으로 치달을 수도 있다. 중국과의 전쟁 위험성을 이해하는 것은 미국의 선택을 가늠하는 데 중요하다. 이러한 전쟁은 쉽게 발생할 수 있지만 종식은 매우 어려우며 그 결과는 미국에게 재앙이 될 수도 있다. 그러므로 중국에 관한 선택을 하는 데 있어 위험부담 최소화는 미국의 목표에서 절대적인 중심이 돼야 한다. 그럼에도 두 나라 간 전쟁 위험성은 지금까지 미국인끼리의 논쟁에서 상대적으로 자세하게 다뤄지지 않았다.

부분적으로 이는 최근까지도 중국의 군사능력을 과소평가하려는 경향이 있었기 때문이다. 또 다른 측면으로 강대국 간 전쟁을 상상할 수 없었기 때문이기도 하다. 2차 대전 이후 미·중과 같은 강대국 간 전쟁은 없었다. 하지만 이러한 사실이 두 나라 사이에 전쟁이 일어나지 않는다는 의미는 절대 아니며, 어떤 면에서 강대국 간 전쟁이 일어나지 않을 것이라는 생각이 위험성을 더 높인다. 강대국 간 전쟁을 살펴보는 것은 그래서 중요하다.

ⓒ연합뉴스　중국명 댜오위다오, 일본명 센카쿠 열도라 불리는 동중국해의 작은 섬을 두고 중·일이 벌이는 신경전은
한낮 산호초 섬을 소유하기 위한 싸움만은 아니다. 여기에는 국가의 정체성과 자존심, 그리고 미래 비전
이 강하게 투사돼 있다. 그래서 2014년 8월 1일, 일본이 센카쿠 열도의 다섯 개 무인도에 이름을 붙일 것
이라고 발표하자 중국과 대만의 성난 시민들은 또다시 거센 반일시위를 벌였다.

우선 서태평양에서 언제라도 예고 없이 두 나라가 갈등에 휘말릴 수 있다는 점을 인정하면서 논의를 시작해야 한다. 몇 가지 다양한 문제가 실제로 혹은 거의 경고 없이 발생해 서로에 대한 적대감을 부채질하며 위기를 촉발시킬 수 있다. 대만 문제는 오랫동안 가장 큰 위험성을 내포한 문제로 여겨졌으며 양안 관계의 변화가 심각한 결과를 초래할 수 있는 요인으로 남아 있다. 그렇지만 최근 베이징과 타이베이의 관계는 화기애애하고, 그보다 더 큰 갈등을 유발할 수 있는 다른 문제가 산재한 현실이다. 여기에는 남중국해 여러 섬에 대한 영유권 문제도 포함된다. 또 중국의 배타적 경제수역EEZ에서 미 해군이 벌이는 수로 조사활동도 있다. 황해 인근에서 하는 미 해군의 훈련과 동중국해에서 센카쿠 열도(중국명 댜오위다오) 관할권을 놓고 벌이는 중국과 일본의 갈등도 있다. 각각의 경우 두 나라 간 의견 불일치의 주된 원인은 실질적인 쟁점 때문이 아니라 오히려 상대적 지위의 시험대로 문제를 바라보는 방식이다. 지위에 성패가 달려 있을 때 아무리 사소한 다툼일지라도 그 결과가 한 쪽에는 패배로, 나머지에게는 승리로 간주된다면 이를 받아들이기는 매우 힘들다. 두 나라 간 라이벌 관계가 격화될수록 모든 전략적 상호작용은 복잡해지고 경쟁적 관계는 더욱 고조된다. 또 모든 접촉은 힘을 평가하는 시험대로 작용하고 고조되는 위기를 막기는 더 힘들어진다.

그 다음으로, 두 나라 사이에 발생하는 상대적으로 작은 분쟁이 엄청난 결과를 초래할 수 있다. 사소한 갈등이 관계의 본질을 근본적·

영구적으로 바꿀 수도 있다. 가까스로 분쟁을 피하더라도 현재처럼 협력과 상호의존이 혼재된 관계를 회복하기는 힘들다. 라이벌 관계는 점점 더 냉전 스타일로 변질되고 두 나라 간 신뢰가 무너진 결과 인식의 차이는 너무나도 확연해질 것이다. 다시 말해 아무리 작은 전쟁일지라도, 두 나라가 안정적이고 협력적인 관계를 구축할 수 있다는 희망을 영구히 사라지게 한다.

비교적 사소한 두 나라 간 분쟁조차 지역과 세계경제에 엄청난 피해를 불러온다는 사실을 인식하는 것도 중요하다. 물론 두 나라 사이의 교역과 자본 거래는 중단되고 중국과 다른 나라와의 교역 역시 중단될 것이다. 서태평양의 해상운송은 어쩌면 상당 기간 불가능해지고, 아시아의 미국 동맹국과 그 밖의 나라들도 미국의 적과 교역을 중단하라는 거센 압력에 시달릴 것이다. 설령 분쟁이 몇 주 안에 마무리되더라도 그 결과가 세계경제에 끼치는 손해는 헤아릴 수 없을 정도로 막대할 게 틀림없다. 만일 분쟁이 몇 달까지 이어진다면 전 세계 교역과 금융은 엄청난 타격을 받을 것이다.

위기 시나리오

단순한 시나리오를 고찰함으로써 위험성을 잘 살펴볼 수 있었다. 지난 몇 년간 미국은 남중국해 영유권 분쟁과 관련해 특히 베트남과 필리핀의 주장을 분명하게 지지하면서 중국의 눈에 거슬리는 행동으로 대응했다.[23] 양국이 이런 식으로 판돈을 올리면서 둘 모두에게 승패가 달린 실질적인 쟁점보다는 해양세력으로서의 지위 다툼이 더 중요해졌다. 이것이 상황을 어렵게 만들었다. 두 나라 모두 다른 한 쪽의 승리를 인정하지 않고, 후퇴할 수 없는 지위에 목매는 형국이 되어버렸다. 중국이 물러서면 강력한 해양세력으로서 미국의 지위는 확고해진다. 미국이 중국의 압력에 굴복해 베트남이나 필리핀에 대한 지원을 포기한다면 미국의 해양 우위는 심각하게 손상된다. 그러니 암초나 산호초가 심지어 석유보다 더 중요한 요소가 된 격이다.

이런 맥락 아래 중국과 베트남이 영유권 갈등을 빚고 있는 지역에서 긴장이 고조된다면 어떻게 될까? 중국 순시선이 남중국해에 있는 스프래틀리 군도에서 다시 한 번 베트남의 해양지질조사를 방해하고 이에 맞서 베트남이 중국 함정에 총격을 가한다고 치자. 중국의 반격이 이어지고 소규모 충돌이 뒤따를 것이다. 중국은 분쟁 지역에 병력을 증파하고 베트남 역시 미국에 지원을 요청할 게 뻔하다. 미국은 베트남을 보호해야 할 아무런 조약을 맺지는 않았지만 스프래틀리 군도를 둘러싸고 중국과 다툼중인 베트남에 강력한 지원 의사를 보낸 바 있다. 그러므로 미국은 곤란한 선택의 순간에 직면할 것이다. 베트남을 지원할 경우 중국과의 분쟁 국면에 빠져드는 위험을 감수해야 한다. 만일 물러선다면 중국의 힘에 맞서는 방어벽으로서의 지위에 손상을 입는다. 미국이 갖는 우려는 단순히 베트남이 아니다. 필리핀, 싱가포르, 인도네시아 그리고 심지어 인도와 한국, 일본 등에게 아시아 강국으로서 자신의 지위가 약화된 것으로 비추어지지 않을까 미국은 두려워한다. 중국에 굴복해 서태평양에서 오랫동안 향유해온 해양 권력을 상당 부분 상실한 것으로 여겨지는 것을 미국은 두려워한다. 미국은 이러한 요인 때문에 단호해질 것이다. 베트남에게 '노'라고 말하는 건 불가능할 듯하다. 아마 미국은 '예스'라고 말할 것이다.

'예스'라고 말한 뒤 미국은 무엇을 할 수 있을까? 15년 전만 해도 대답은 간단했다. 미 태평양함대 사령관은 항모전단을 남중국해에 보내고, 이 가공할 만한 무력시위가 중국의 추가 행동을 억지했을 것이다. 현재는 그렇게 간단하지 않다. 미국은 여전히 항모전단을 남중국해에 보낼 수 있겠지만 4장에서 살펴봤듯이 미국의 항모전단을 침몰시킬 수 있는 중국의 능력은 15년 전보다 훨씬 향상됐다. 미국이 선제공격을 하지 않을 경우 중국은 항모전단을 공격하지 않겠지만, 그렇다면 항공모함은 무슨 쓸모가 있을까? 항모전단의 존재와 취약성은 미국을 강력하게 만들기보다 오히려 행동반경을 좁혀버린다. 왜냐하면 항모전단을 보호하기 위해 위기가 고조될 수 있는 행동을 자제하기 때문이다. 중국은 베트남군에 맞서 행동을 지속할 수 있으며 항모전단에 대한 보복을 우려해 미국이 개입하지 못할 것이라고 판단해 안심할 수 있다. 한마디로 항모전단 배치는 힘의 과시라기보다는 오히려 나약함을 보여주는 꼴이 돼버린다. 그러므로 베트남

2014년 7월 22일, 베이징 인민해방군 기갑군 공학원에서 전자기술을 배우고 있는 사관후보생들. 이곳에서 전자, 기계 및 다양한 과학 기술을 습득한 후보생들이 중국의 최신식 군사프로그램을 가동하는 핵심 인력으로 성장한다.

을 지원하는 대신 피하려 했던 모든 부정적인 결과는 어쨌든 일어나게 된다.

참담한 결론은 동맹국과 우방을 지원하려던 미국의 의지는 시험대에 올랐으며, 중국과의 분쟁에 개입하는 것으로 겨우 자신의 지위를 보여줄 수 있다는 사실이다. 즉 항모전단이 전투기를 출격시켜 중국 함정을 몇 척 격침하는 것이다. 중국은 어떻게 반응할까? 중국은 미국이 불과 며칠 전 처했던 같은 문제에 봉착한다. 즉 중국이 물러선다면 아시아 해양세력으로서 지도적인 역할을 요구해온 그들의 주장은 내동댕이쳐지고, 중국 내 여론도 틀림없이 들끓을 것이다. 인민 해방군 전함이 미군에 격침되었음에도 중국 지도부가 아무런 반응을 보이지 않는 것은 불가능에 가깝다. 그러므로 그들은 미국 전함을 격침시킨다. 중국 지도부가 현명하다면 항공모함이 아닌 좀더 작은 대상을 택할 것이다. 우리 모두 중국 지도부가 현명하길 기원할밖에. 다시 말해 중국이 항공모함을 격침시킬 경우, 위기를 풀어갈 모든 희망은 끝장나버린다. 중국이 소형 전투함을 침몰시킨다면 양측의 노련한 외교와 정치적 용기가 동원돼 벼랑 끝 대치를 풀어낼 아주 작은 기회가 생긴다. 하지만 긴장 고조 과정에서 생긴 분노와 우려, 여론의 거대한 압력에 양국 정부가 휘둘릴 가능성은 여전히 남는다.

여기서부터 대규모 전쟁으로 가는 단계는 간결하고 분명해진다. 4장에서 살펴보았듯이, 발전하는 작전 개념인 공해전개념the Air-Sea Battle·ASB에 따라 미국은 자신의 해병대 등 해양 전력이 무사히 작전을 벌일 수 있도록 중국의 해·공군력을 무력화하기 위한 대규모 공습으로 작전을 개시할 것이다. 이 공해전개념은 매우 중대한 전략적 시사점을 안고 있다. 미국의 공해전개념에 따른 모든 분쟁은 중국 영토에 대한 직접적이고 광범위한 공격을 의미하며, 최고 수위의 긴장 상태를 유발한다. 그러므로 분쟁은 매우 빠르게 수십 년 만의 가장 큰 전쟁, 어쩌면 2차 대전 후 가장 큰 전쟁으로 발전하게 될 것이다. 이렇게 촉발된 분쟁의 천문학적 비용은 전쟁에서 이기는 것으로 정당화될까? 이번 전쟁은 다른 어떤 전쟁보다 쉽게 시작되겠지만 종식하기는 매우 어려울 것이다.

마지막으로 핵의 중요성이 있다. 우리가 상상하는 위기상황 중 핵무기를 사용하는 단계는 어디쯤일까. 사실 이 단계는 위기를 관리하고 이끌어가는 책임자에게도 불분명하다. 냉전 시기에는 각국이 핵무기에 의존해야 할 조건에 대해 광범위하게 논의한 상태라, 한계는 있었지만 적어도 잘 이해했다. 미·중 사이에는 이런 문제들이 분명하지 않으며 오해의 간극도 매우 크다. 일단 중국에 대한 공해전이 개시되면 작전이 시작된 괌 등에 중국이 핵무기를 사용하지 않을 것이라고 생각하는 건 매우 아둔하다고 말하는 것으로 충분하겠다. 4장에서 살펴보았듯이 미국은 자국 주요 도시로 대륙간 탄도미사일을 발사할지 모른다는 두려움 때문에 중국에 핵무기로 보복하기 어려울 것이라고 중국 지도부가 믿을 가능성이 높다. 누가 알겠는가? 그들의 생각이 맞는지.

이런 종류의 논의는 물론 추측에 근거하지만 마냥 헛된 논의가 아니다. 옛 말에 재앙을 예상하지 못하는 사람은 그것을 막을 능력도 없다고 했다. 미국 지도자들이 전쟁의 위험성과 자신의 선택이 어떤 영향을 줄지 분명하게 이해하지 못한다면 두 나라 미래에 대한 올바른 선택을 할 수 없다. 무슨 일이 벌어질지 상상하는 것보다 그 위험부담을 연구하기 위한 더 좋은 방법은 없다. 위험요소는 멀리 떨어진, 믿기 힘든 곳에 있는 게 아니다. 아시아에서 우월적 지위를 놓고 경쟁함으로써 부상하는 중국의 힘에 대응하는 식의 선택은 그러한 위험요소를 받아들이는 꼴이 될 것이다. 경쟁이라는 미국의 선택을 지지하는 사람들은 이것이 중국을 다루는 여러 방식 중 위험요소가 가장 적다고 판단한다. 하지만 이 판단은, 전쟁의 위험성은 무엇이며 대안은 무엇인지에 대한 숙고와 이해가 전제되어야만 한다.

THE CHINA CHOICE

이는 열강 사이의 거래였을 뿐, 중견국가나 약소국들은 이 거래에 낄 수 없었다. 강대국의 자리에 오르기 위해서는 힘이 필요했다. 즉 전체 체제를 장악해 다른 강대국의 독립에 잠재적인 위협을 가할 수 있을 만큼 강력해야 한다. 또 우월적 지위를 향한 야심을 드러내는 특정 강대국의 시도를 좌절시킬 수 있어야 한다.

CHAPTER 8

아시아협조체제

새로운 질서

미국과 중국은 아시아에서 격렬한 라이벌이 될 위기에 있다. 두 나라가 자국의 미래 관계와 미래 아시아에 대해 판이한 생각을 하기 때문이다. 미국은 지난 40년간 잘 작동한 미국 주도의 기존 질서를 유지하고 싶어한다. 중국은 자국이 지도적 역할을 하는 새로운 질서로 옮겨가길 바란다. 물론 양쪽 다 평화를 원하지만 어떻게 평화를 유지할 것인지에 대해서는 의견이 다르다. 예전에도 이런 일은 있었다. 1차 세계대전 전에 영국 해군을 재건한 존 피셔 제독은 당시 유럽의 라이벌 관계에 대해 "모든 나라가 평화를 원한다. 그런데 자기 입맛에 맞는 평화만 원한다."라고 말했다.[24] 이 새로운 위험요소를 어떻게 이해하고 대응해야 할까?《로마제국의 쇠망사》*에서 기번은 1453년 유럽 국가들이 콘스탄티노플을 오스만 제국에게서 구하기 위해 아무런 것도 하지 않았다고 주장했다. 무엇보다도 그들이 위험성을 제대로 이해하지 못했기 때문이다. 그는 '많은 이들이 그런 위험은 상상일 뿐이라 여겼지만 다른 이에게는 불가피한 생각이었다'고 주장했다.[24] 우리는 같은 실수를 반복할 위험에 처해 있다. 많은 사람들은 두 나라의 경쟁이 고조되는 것이 불가피하다고 믿는다. 나머지 사람은 속 편하게 두 나라의 경쟁이 실제로는 불가능하리라고 생각한다. 이상하게도(어쩌면 그다지 놀랍지 않게) 많은 사람들은 이런 두 가지 시각을 시시때때로 오가거나 심지어는 둘 다를 동시에 주장한다. 두 시각은 모두 그릇된 판단이다. 게다가 라이벌 관계를 더 증폭시킬 가능성이 더 높다. 두 방법 다 충돌을 피하려는 노력을 서로 다른 방식으로 가로막기 때문이다.

중국의 부상으로 미국과의 충돌이 불가피하다는 논리는 존 미어샤이머 시카고대 교수가 가장 많이 주장했다.[25] 그는 역사를 통틀어 새롭게 부상하는 모든 강대국은 기존 강대국에 도전해왔고 결국 전쟁이 벌어졌으며 이번에도 같을 것이라고 강조했다. 설득력 있는 주장이지만 상황을 만들어가는 사람과 정부의 능력을 간과한 측면이 있다. 역사는 강대국 사이에 권력이동이 일어날 경우 라이벌 관계와 충돌을 피하기 매우 힘들고 그 사례도 드물다는 사실을 보여준다. 그렇지만 전쟁을 하지 않고 미국과 중국이 서로 이해를 맞춰가는 것이 불

---

* 영국의 역사가 에드워드 기번Edward Gibbon의 《로마제국쇠망사*Ths History of the Decline and Fall of the Roman Empire*》에서 유래한 것으로 제1차 세계대전 이후 영국이 세계무대에서 권력을 잃어가는 모습을 로마의 쇠망사에 빗대어 표현한 것으로 알려져 있다.

가능한 일만은 아니다. 전쟁불가피론은 국민 자신이 가장 좋은 이해관계를 인식하고, 이해관계 증진을 위해 타협하고 협조할 수 있는 능력을 과소평가하는 것이다.

이 책의 핵심 주제는 현재의 미·중 관계에서 두 나라가 전쟁 없이도 이해를 절충하는 것이 가능하다는 데에 있다. 세 가지 가능한 대안 중에서 점증하는 중국의 부상에 미국이 대응하는 최상의 방법은 독점해온 리더십을 중국과 분점하는 것이다. 이런 종류의 질서는 상상하기도, 성취하기도 힘들다. 설령 성취하더라도 이 상태를 유지하기도 힘들 것이다. 다른 대안이 나쁘지 않다면 고려할 만한 가치가 없다. 그렇지만 중국이 지배할 경우의 위험성 및 라이벌 관계의 위험성을 동시에 피할 방법은 이것뿐이다. 이 대안은 중국 스스로 증대하는 권위와 영향력에 대해 만족하고, 미국은 중국의 힘이 잘못 사용되지 않도록 역할을 다하는 새로운 질서를 통해 이뤄질 것이다.

그렇다면 이러한 절충에 근거한 질서는 어떤 형태이고 어떻게 작용할까 그리고 어떻게 구현될까. 그것이 바로 이번 장에서 다룰 문제다. 나는 합의가 쉽사리 이뤄질 것이라고 예상하지 않는다. 성공 가능성은 매우 낮지만 시도해볼 만한 일이다. 아마 두 나라는 한동안 자신들이 선택한 노선을 고수할 것 같다. 양측은 더 깊은 전략적 경쟁의 늪으로 빠져들고 경제적 관계는 시들해지며 분쟁 위험성은 증가할 것이다. 이 책이 제시하는 대안은 두 나라에게 개연성도 없을뿐더러 선호하는 것과는 거리가 멀 것 같다.

권력 분점에 기초한 질서에서 미국은 아시아 문제를 다루는 중요 역할자로 남게 된다. 미국의 힘은 중국을 견제하고 억제하며 국제적인 핵심 규범을 지키도록 강제할 것이다. 다시 말해 미국은 아시아를 중국에 포기하는 게 아니라 라이벌 관계의 위험성 및 그 관계가 초래할 결과를 피하는 것이다.

그렇지만 이건 공짜로 얻을 수 없다. 미국이 받아들일 수 있는 범위 내에서 중국이 자신의 힘을 행사하듯이 미국 역시 중국이 받아들일 수 있는 한계 내에서 영향력과 권위를 행사해야 한다. 이처럼 질서를 구축하는 과정에서 가장 힘든 것은 서로 수용할 수 있는 한계를 타협해가는 일일 것이다. 지난 수십 년간 우리가 봐왔던 것과는 완전히 다른 외교력이 필요하다.

이 외교력은 지난 수십 년 간의 지역 포럼과도 별 상관이 없다. 가령 동아시아정상회의East Asia Summit, 아시아태평양경제협력체APEC 그리고 여러 동남아시아 국가 협력체들은 아시아의 기존 질서를 반영한다. 이는 모든 국가가 동일한 발언권을 갖는 크고 포괄적인 조직의 특성이기도 하다. 새로운 질서는 이런 식으로 구축되지 않는다. 가장 강력한 국가들끼리의 타협으로 질서가 형성된다. 새로운 질서에는 주요 이해관계에 대한 고통스럽고 불만족스런 타협과 지위에 대한 의문이 수반된다. 이 때문에 다른 국가가 알 수 있도록 공개적으로 이뤄지지 않는다. 절충의 결과야 결국 명쾌해질 수밖에 없지만 종종 이런 타협은 암암리에 일어난다. 아시아에서 강력한 국가들이 협조체제에 근거한 새로운 질서를 구축한다면 백지상태에서 시작해야만 할 것이다.

거래하기

아시아에서의 권력 분점은 미국 혼자 선택할 수 있는 것이 아니다. 미·중 양국이 합의해야만 가능하다. 다른 합의와 마찬가지로 권력 분점의 본질은 양측의 상황과 이익에서 균형이 맞아야 한다. 이 균형은 많은 사람이 이해하기 힘들 수 있다. 사람들은 힘과 야망의 합법성에 있어서 두 나라를 완전히 다르게 바라본다. 미국인은 조국의 목표가 미국뿐만 아니라 아시아를 대표해 기존 질서를 유지하는 것이라고 믿는다. 나아가 중국 수정주의자의 야망이 질서를 파괴하고 모든 국가가 수호하고자 하는 평화와 안정까지도 방해하고 위협한다고 바라본다. 물론 중국인들도 같은 선상에서 정반대의 시각으로 바라본다. 그들은 중국이 지역질서에서 오랫동안 부당한 대우를 받았으며 새롭게 얻은 힘을 이용해 이를 복구해야 한다고 생각한다. 이 때문에 미국의 반발은 기존의 부당함을 영구화하려는 시도이자 중국의 잠재력 발휘를 저지하려는 술책이라고 믿는다.

정당성을 놓고 충돌하는 서로의 주장은 두 나라의 관계를 평화적으로 유지하기 위한 일말의 희망이라도 있다면 반드시 다뤄야 할 첫 번째 과제다. 그리고 이것은 아마도 가장 어려운 난제일 수 있다. 절충 과정에서 가장 필요한 첫 번째 사항은 상대방의 목표들이 광범위한 의미에서 정당하다고 받아들이고 인정하는 것이다. 상대방의 목표를 그대로 수용하거나 존중해야 한다는 의미는 아니지만, 만일 아시아의 강대국으로 미·중이 평화롭게 공존할 기회를 모색한다면 두 나라는 상대가 가진 야심의 정당성을 인정해야만 한다. 미국은 중국의 힘이 세진 만큼 더 큰 권위와 영향력을 원하는 것이 합당하다는 점을 받아들여야 한다. 마찬가지로 중국은 미국이 아시아에서 유력한 플레이어로 남아 있다는 점을 인정해야 한다.

일단 양측의 요구가 정당하다는 점을 받아들이면 양국 지위에 대한 폭넓은 대칭점을 쉽게 찾을 수 있다. 두 나라는 자신의 권위와 영향력을 극대화하길 원한다. 두 나라는 한 쪽이 얻으면 다른 한 쪽이 잃게 되는 제로섬 게임에서 영향력을 놓고 서로 경쟁하고 있다고 인식한다. 그래서 각각은 자신의 영향력을 최대화하는 한편 상대방의 것은 최소화하길 바란다. 양국은 서로 라이벌 관계를 조성해 엄청난 위험을 감수하는 상황으로, 각자 영향력 확대를 위해 야망을 추구할수록 이 관계는 더욱 위험하고 격렬해지며 많은 비용이 든다.

두 나라는 아주 강력해서 우월적 지위를 향한 경쟁에서 어느 쪽도 완전한 승리를 기대할 수 없다. 그러므로 절충을 하는 것이 양쪽 모두에게 가장 큰 도움이 될 것이다. 두 나라는 영향력을 더 확보하는 것이 라이벌 관계의 비용 증가로 정당화될 수 없다는 인식 아래 타협점을 찾아 협상해야 한다. 타협 성사 가능성은 두 가지에 달려 있다. 하나는 양국 지도자가 자신의 상황을 이해하는지, 나아가 지도자들이 자신의 상황과 그 속에 내재한 타협 가능성의 조화를 이해할 수 있는지 여부다. 두 번째는 권력욕이나 위험부담에 대한 기호가 너무 달라서 합의점에 이를 수 있을지 여부다.

이런 합의는 언제나 두 나라 모두가 패배를 당했다고 느끼게 한다. 힘이 비슷한 두 강대국이 협상장에 나설 때 두 나라가 받아들일 수 있고 유지될 만한 합의의 범위는 각자가 기대한 것보다 작아야 한다. 양측은 간절히 보존하길 원하는 것들을 포기해야만 한다. 이 경우 합의 당사자는 자국에서 너무 많은 걸 포기했다고 비판받을 것이다. 거의 동등한 강대국 간의 성공적인 협상에서는 승자를 찾아보기 힘든 반면 패배자처럼 보이기 쉽다. 어느 한 쪽이 승자처럼 느낀다면 다른 한 쪽은 확실히 패자처럼 느낄 것이고 협상은 오래 지속되지 않는다. 오래 지속되는 협상은 양측 모두 그들이 원했던 것보다 더 양보했다는 느낌을 갖게 한다.

합의점에 도달하기 위해 양측에게는 국내외 정치적인 요인을 살피는 상당한 정치력이 필요하다. 이해관계가 많이 얽혀 있지 않다면 절충점에 도달하기도 쉽다. 사실, 두 가지 면에서 양국의 이해관계는 상당히 복잡하다. 먼저 경제적으로 볼 때, 아시아에서 권력 분점 협상은 가장 확실하고 어쩌면 유일하게 두 나라가 경제적으로 상호의존할 수 있는 근간을 제공한다. 양국의 경제 미래는 두 나라 간 상호

의존에 달려 있다. 그 다음 전략적으로 볼 때, 양측이 서로를 적대국으로 두려워하지 않았다면 아시아에서 권력 분점을 논의할 일은 없을 것이다. 그러므로 양국 지도자들은 권력 분점을 위한 거래 성립이라는, 거대한 정치적 비용만을 받아들이면 된다. 그들은 다른 대안이 라이벌 관계를 고조시키고 그 결과 얼마나 많은 비용과 위험성을 무릅써야 하는지 이해하기 때문이다.

현재 미·중 관계의 미래를 결정짓는 사람들에게는 이런 불행을 피할 수 있는 아이디어가 필요할 것이다. 그런 아이디어를 찾기 가장 좋은 곳은 바로 역사책 속에서이다.

협조체제 구상

나폴레옹 전쟁이 마무리 된 1815년, 유럽 5개 강대국 지도자들은 오스트리아 빈에서 만나 유럽의 새로운 전후 질서를 절충했다.[26] 그들의 목적은 대규모 전쟁 위험성을 줄이는 것이었다. 바로 23년 전, 전쟁이 얼마나 심각할 수 있는지 교훈을 얻었기 때문이다. 그들이 만든 전후 질서는(다른 형태이긴 했지만) 거의 한 세기 동안 유지됐다. 1914년이 되어서야 강대국 간 전면적인 전쟁은 다시 발생했다. 빈에서 사라예보까지의 한 세기는 그야말로 유럽의 세기였다. 1815~1914년 기간 동안 유럽은 전례 없는 인구와 부, 권력의 팽창기를 향유했다. 우리는 현재 한 세기 전 유럽의 몰락이라는 결과와 함께 살아가고 있다.

1815년 수립된 질서는 유럽협조체제(빈 체제로 불리기도 한다)로 불린다. 역사학자들은 앞으로 다가올 한 세기에 있어서 유럽협조체제라는 딱지를 변화하는 형태의 유럽 외교에 얼마나 더 적용해야 하는지에 대해 다른 의견을 보였다. 그렇지만 나는 유럽협조체제가 19세기 동안 전쟁에 휘말리는 것을 막아낸, 보이지 않는 질서를 만들어냈다고 강조하고 싶다. 그 기간 동안 대규모 전쟁 대부분은 독일 통일 전쟁이었다. 이 전쟁들도 1871년 독일 제국이 탄생하면서 막을 내렸지만, 1815년 이전과 1914년 이후에서처럼 전면적인 전쟁으로 확대된 경우는 한 번도 없었다. 왜 그랬을까? 협조체제가 서로 간 관계를 놓고 유럽 열강의 암묵적 합의를 반영하고 있었기 때문이다. 그런 암묵적 합의의 본질은 매우 간단했다. 당사국 중 어떤 나라도 유럽을 지배하려 들지 않으며 그들 중 누군가가 그런 시도를 한다면 나머지 국가들이 연합해 분쇄하기로 동의한 것이다.

이는 열강 사이의 거래였을 뿐, 중견국가나 약소국들은 이 거래에 낄 수 없었다. 강대국의 자리에 오르기 위해서는 힘이 필요했다. 즉 전체 체제를 장악해 다른 강대국의 독립에 잠재적인 위협을 가할 수 있을 만큼 강력해야 한다. 또 우월적 지위를 향한 야심을 드러내는 특정 강대국의 시도를 좌절시킬 수 있어야 한다. 이는 모든 유럽 체제에 영향을 미칠 만큼 강력하고, 자신이 원치 않는 체제의 어떤 질서도 무력화할 수 있는 힘을 의미했다. 유럽협조체제에 대한 주된 비판은 강대국의 이해관계 때문에 중견국과 약소국의 이해가 무시되고 희생됐다는 점이다. 사실이다. 즉 유럽협조체제는 약소국에게는 매우 부당하거나 적어도 약소국에 부당한 행위를 방지하지 못한, 매우 불안전한 시스템이었다.

유럽협조체제를 놓고 유일하게 우호적으로 말하는 한 가지는 99년 동안 유럽 열강끼리의 대규모 전쟁을 방지했다는 점이다. 유럽협조체제가 붕괴된 후 한 세기를 살펴볼 때 결코 작은 성과가 아니었다. 유럽협조체제가 열강에게만 혜택을 준 것은 아니다. 19세기 역사에 관심이 많은 그 어느 누구도 1815년 이후 강대국의 손아귀에 놓아난 폴란드의 운명을 무시할 수 없다. 그렇지만 폴란드와 그 국민들은 1815년부터 1914년까지가 더 나빴는지, 아니면 1914년부터 1989년까지가 더 나빴는지 질문할지 모른다.

유럽협조체제는 인류애나 평화공존 원칙과 같은 추상적 약속에 근거해 성립되지 않았다. 다만 유럽 정치인들이 대대손손 패권을 추구하는 비용이 혜택보다도 훨씬 더 클 것이라는, 분명하고 현실적인 인식을 하면서 동력을 얻었다. 권력이 강대국끼리 비교적 공평하게 분배되었다는 점을 인식한 그들은 패권 추구의 야심에 맞서 신속하게 연합했다. 모두들 지배받는 상황을 피하고 싶었기 때문이다. 게다가 그들은 전략적 경쟁을 억제하지 않을 경우, 모두를 파괴하는 전면전이 발생할 수 있다는 사실을 깨달았다. 그러므로 유럽협조체제의 진정한 기반은 열강끼리 우월적 지위를 놓고 경쟁할 경우 잃을 것이 더 많으며, 그것을 억지할 때 더 많은 걸 얻을 수 있다는 현실 인식이었던 셈이다.

유럽협조체제는 단순히 400년간의 유럽 질서를 특징적으로 보여주는, 오래된 세력균형의 연장인 것처럼 보일지 모른다. 그렇지만 실제로 이 협조체제는 세력균형과는 매우 다르다. 협조체제는 전략적 시스템 속에서 우월적 지위를 추구하지 않는 국가들끼리 암묵적이든 노골적이든 합의를 이뤄야 가능해진다. 반면 세력균형의 경우 당사국들이 우월적 지위를 추구하지 않겠다고 동의할 필요가 없다. 즉 세력균형은 지배자가 되고자 하는 강력한 열강에 맞서 연합한 국가들이 특정 국가의 우월적 지위 추구를 어렵게 만든다. 다른 말로 하면 세력균형은 단순히 어느 한 편이 이기기 어렵게 만들지만, 전쟁의 위험성이나 경쟁의 강도는 감소시키지 않는다. 세력균형은 열강이 체제 안에서 협조체제에 동의하지 않을 경우 자연스럽게 등장한다. 그리고 협조체제가 무너지면 1914년 직전에 그러했듯이 세력균형이 일어난다. 이와 대조적으로 협조체제는 세력균형에 내재한 전쟁의 위험성을 최소화하기 위한 합의다.

그러므로 협조체제는 자연스럽게 이뤄지지 않는다. 그것은 매우 조심스럽게 구축되고 유지되어야 한다. 쉽지 않은 일이다. 근대사에서 성공한 사례도 매우 적다. 20세기 들어 국제사회는 이러한 협조체제를 구축하기 위한 시도를 두 차례 했다. 하나는 1919년 베르사유 체제*이고, 다른 하나는 1945년 샌프란시스코 강화조약**이다. 국제연맹League of Nations과 국제연합UN(유엔)은 본질적으로 협조체제로 인식됐다. 국제연맹의 실패 이후 유엔 구성 주창자들은 유엔안전보장이사회에 거부권을 행사할 수 있는 상임이사국(P5)을 설치함으로써 권력 분점의 메커니즘을 강화시키려 했다. 상임이사국 제도는 세계 열강이 협조체제 안에서 문제를 풀어가기 위해 만들어졌다.

물론 국제연맹과 유엔 같은 시도는 모두 실패했다. 세력균형 현상이 가속화되면서 결국 1939년 2차 세계대전으로 번졌다. 또 1947년 이후에는 냉전으로 이어졌다. 이를 통해 얻을 수 있는 교훈은 공들여 만든 기관과 공적인 절차들이 강대국끼리 형성된 암묵적 합의보다도 못하다는 사실이다. 강대국끼리 암묵적 이해가 약할 때는 공들여 만든 조직과 기구들도 아무 소용이 없을 것이다. 그러므로 아시아의 세기에 맞춰 아시아협조체제 구축을 논의한다면, 아시아의 주요 열강끼리 합의를 이룰 필요가 있는 기본적인 내용에 초점을 맞춰야 한다. 국가 간 메커니즘이나 기구보다는 어떻게 해야 열강들 사이의 기본적이고 암묵적인 합의를 이끌어낼지에 집중해야 한다.

---

* 1919년 6월 독일과 연합국 사이에 맺어진 제1차 세계대전의 강화조약으로 만들어진 체제를 말한다. 국제평화와 인류문화 향상이라는 목표를 달성하기 위해 국제연맹을 창설했다.
** 샌프란시스코에서 1945년 6월 국제연합이 창설됐다. 국제연합은 안전보장이사회에서 마음대로 거부권을 행사할 수 있는 열강의 지도체제를 구성한 것이 가장 큰 특징이다.

본질적 이해들

협조체제란, 열강들이 서로 지배하려 하지 않고 각각의 강대국 지위를 받아들이면서 절충을 통해 차이점을 풀어가자는 데 합의하는 것이다. 경쟁을 완전히 포기한다는 의미가 아니라 어느 정도 제한하는 데 합의하는 것이다. 제한 대상은 간단하다. 협조체제 안에 포함된 국가가 서로 강대국의 지위를 빼앗으려 다투지 말자는 데 동의하면 된다. 그들은 협조체제 안에서 독립적이고 동등한 멤버로서 경쟁이 서로의 지위를 위협해서는 안 된다. 이런 제한 속에서 격렬하게 경쟁할 수 있다. 19세기의 유럽협조체제는 유럽 밖 식민지를 놓고 맹렬한 경쟁을 벌였지만 유럽 안에서는 분명한 선을 그었다. 그런 까닭에 외교의 시대에 동방문제東方問題*가 불거졌다. 아시아협조체제에 있는 국가들은 유럽협조체제에 속한 국가들이 그랬듯이 아프리카나 중동에서 영향력을 놓고 틀림없이 경쟁할 것이다.

그러나 협조체제에 내재한 기본적인 합의는 자신만의 생각에 기초할 수는 없다. 협조체제가 지속되기 위해서는 반드시 상호 간 차이에 대한 근본적인 이해가 전제되어야 한다. 나는 그 중 일곱 가지를 사

---

* 18세기 말 이후 오스만투르크 제국이 쇠퇴하는 과정에서 일어난 각종 내부 분열 등을 이용해 중동과 발칸지역에 대한 영국, 프랑스, 러시아, 오스트리아(후에 독일, 이탈리아, 미국이 참여) 등 유럽 열강의 진출로 생겨난 일련의 국제분쟁을 가리키는 유럽의 호칭이다. 19세기의 동방문제는 20세기로 이어져 발칸반도의 여러 민족은 각각 배타적인 민족주의에 이끌려 서로 충돌하고 열강의 대립까지 이어지면서 유럽의 화약고가 됐다.

례로 제시하겠다.

첫째, 협조체제 안에 있는 열강은 반드시 다른 모든 국가 정치체제의 합법성을 온전하게 받아들여야 한다. 정치체제가 모두 같거나 비슷해야 한다는 뜻이 아니다. 유럽협조체제에는 차르가 지배하는 러시아 절대왕정과 영국의 의회군주제, 프랑스처럼 간간히 공화정이 들어서는 정치체제, 두 개의 왕조가 존재하던 오스트리아-헝가리 제국*, 빠르게 변화하는 독일 등이 포함돼 있었다. 19세기 중반 러시아와 영국의 정치체제는 현재 미국과 중국의 체제만큼이나 공통점이 거의 없었다. 다양성을 인정한다고 해서 협조체제 안의 국가가 상대방의 정치체제나 그것이 지향하는 가치조차 비판하면 안 된다는 의미는 아니다. 그렇지만 비판은 다른 국가와 정부의 근본적인 합법성에 의문을 던지는 지점 앞에서 멈춰야 한다.

둘째, 각각의 열강은 다른 강대국의 이해와 시각이 자신과 다르다는 점, 나아가 일정 정도 이해와 시각이 충돌할 수 있다는 점을 받아들여야 한다. 협조체제의 본질은 그러한 충돌을 협상으로 풀어가겠다는 의지이자 책임감이다. 이 과정에서 국가들은 서로 양보해야 한다.

셋째, 각자는 협조체제 내 회원국이 자신의 이해관계를 보호하기

---

* 오스트리아가 1867년 헝가리의 마자르인 귀족과 타협해 헝가리 왕국 건설을 허락하고 오스트리아 황제 프란츠 요제프 1세가 국왕을 겸해 오스트리아-헝가리 제국이 성립됐다. 군사, 외교, 재정을 공동으로 운영하고 별개의 의회와 정부를 갖고 독립된 정치를 행했다. 10년마다 경신되는 관세 및 통상조약을 체결했다. 이 체제는 1차 대전 후 붕괴될 때까지 지속됐다.

위해 무력을 사용하고 충분한 군사력을 구축할 권리가 있다는 점을 받아들여야 한다. 다른 열강의 독립에 위협이 될 정도로 강력한 군사력은 용인할 수 없지만 상대국에 맞서 자신의 이익을 관철하기 위한 군사력은 인정해야 한다. 협조체제는 군비 확충을 제한하는 수단이 아니다. 그렇지만 어느 한 국가가 다른 나라에 비해 명백한 군사적 우위를 점한다면 협조체제는 약화될 것이다.

넷째, 열강은 각자 합법적인 행위에 대한 명쾌한 이해를 공유해야 한다. 각 회원국은 협조체제 내 다른 회원국이 수용할 수 없으며 명확히 반대하는 종류의 행동을 구분하고 이에 협조해야만 한다. 이것이 지켜지지 않을 경우, 협조체제가 회원국의 가장 중요한 이해관계를 보호할 것이라는 신뢰를 흔든다. 협조체제의 주된 목적은 한 나라에 의한 지배를 막는 것이다. 따라서 수용할 수 없는 행위에 대한 정의는 한 나라의 지배 야욕에 집중될 확률이 높다. 협조체제 당사국은 지배를 노리는 특정 회원국의 행위에 저항하기로 합의해야만 한다.

실제로 이런 한계에 대한 합의를 이끌어내기는 쉽지 않다. 한 가지 간단하고 명확한 시발점은 국제질서를 위반하는 국가에 맞서 국제사회가 함께 행동할 수 있는 상황을 특정해놓은 유엔헌장에 있다. 따라서 회원국 사이에 무력 사용을 자제하도록 한 유엔헌장 2조*를 적용

---

* 유엔헌장 2조 4항은 모든 회원국이 국제관계에 있어서 다른 국가의 영토 보전이나 정치적 독립에 대해 또는 유엔의 목적과 양립하지 않는 어떠한 기타 방식으로도 무력의 위협이나 무력행사를 삼가도록 규정하고 있다.

해보면 좋을 듯하다. 유엔헌장 2조 적용은 너무 편협한 제약으로 보일 수도 있다. 협조체제를 모든 무력 사용을 금지하는 체제로 전환하려는 시도는 매력적이지만, 이는 매우 비실용적이며 서로 간 암묵적 이해를 약화시킬 가능성이 높다. 강대국들은 거의 모든 무력 사용에 위협을 느끼지 않는다. 당연히 이들은 자신의 핵심 이익이 연루되지 않는 한 많은 비용과 위험부담을 감수하지 않을 것이다. 협조체제의 근간이 명확해질수록, 그것이 강대국의 이해관계와 직결될수록 체제는 더욱 탄탄해진다.

물론 협조체제는 강대국의 먹잇감이 되기 쉬운 체제 밖 중견국과 약소국을 취약하게 만든다. 열강 중 누군가가 협조체제 구상을 폐기할지 여부도 큰 문제다. 약소국 등이 고려대상에서 제외됐기 때문이다. 이는 특정 합의로 더 큰 보호장치를 제공하지 않는 한 의미가 없을 것이다. 사실을 말하자면 그 어떤 것도 이러한 보호장치를 제공하지는 못할 듯하다. 하지만 협조체제가 모든 위험요소를 해결하지는 못하더라도 가장 심각한 위험, 강대국 간의 전쟁을 감소시키는 데는 도움이 된다.

다섯째, 협조체제 구성원은 회원국 중 누군가가 지배권을 추구하려 할 경우 맞서 행동하고 그럴 능력을 갖춰야만 한다. 지속가능한 협조체제는 구성원의 선의에만 의존할 수 없다. 구성원 간 서로 지배권을 행사하지 않겠다는 그들의 합의는 만일 누군가가 지배권을 행사하려 들 경우, 나머지 모두와 싸워야 하고 절대로 승리할 수 없으므로 현실적 선택권이 없다는 인식 아래 강화돼야 한다.

여섯째, 이 같은 암묵적인 이해를 각 열강의 국민이 인정할 수 있어야 한다. 협조체제는 지도자는 물론 국민이 받아들이고 이해하지 않으면 지속되기 어렵다. 국민이 인정하지 않을 경우, 대중주의자와 민족주의자들의 압력에 맞서 소소한 관계와 문제 및 위험요소를 다루는 데 필요한 암묵적인 합의를 고수하기가 불가능하다.

마지막으로, 협조체제 내 모든 열강은 서로를 동등하게 대해야 한다. 즉 이해관계와 가치가 서른 다른 체제 내 모든 국가는 자신의 이익을 최대한 증진할 수 있으며, 회원국 간 평화 유지를 최우선 과제로 수용했음을 다 함께 인정해야 한다.

위에서 언급한 사례를 보면 왜 협조체제가 역사적으로 드문지 분명하게 알 수 있다. 동시에 왜 그것이 종종 효과를 발휘하는지도 알려준다. 그러나 세력균형의 본능적인 역학관계에서 상호 암묵적인 이해가 맞물린 협조체제로 이동하기 위해서는 절충과 상호 수용이 필요하다. 그러한 절차는 당사국들이 적어도 암묵적 이해의 절실함을 탐지했을 때에만 시작될 수 있다. 확실한 보복의 신호가 없으면 어떤 열강도 양보를 하지 않는다. 즉 열강 간 충돌이 목전에 다가왔다고 느낄 때에야 비로소 그 열강은 자신이 감수해야 할 막대한 불이익을 고려할 것이다. 특별히 전쟁의 끔찍한 비용을 생각해보면, 대다수 협조체제가 왜 대규모 전쟁이 끝난 이후 구축됐는지 이해할 수 있다. 이런 까닭에 아시아협조체제는 대규모 전쟁이 발발한 뒤에야 출현할 것이라고 말하는 이도 종종 있다. 어쩌면 그 말이 맞을지 모른다. 그렇지만 아시아의 지도자와 정책입안자가 맞이할 도전은 대규모 지역분쟁이라는 끔찍한 대가를 치르지 않고도 암묵적 이해를 증진하도록 정치적 의지를 결집할 만한 돌파구를 찾는 것이다. 결국 전쟁이 시작된다면 역사상 최악의 전쟁이 될 것이다. 강대국 간 암묵적 이해를 구축하는 것은 두려움이 아니라 희망 때문일지 모른다. 우리가 제대로 이해했다면 아시아의 세기는 인류 절반에 빛나는 희망을 주고 있다. 유럽협조체제가 유럽의 세기에 전략적 기반을 제공했다는 사실은 우연이 아니다. 1815년 유럽협조체제를 이뤄낸 정치가와 오랫동안 협조체제를 유지해온 그들의 후손은 유럽이 평화롭게 유지될 경우 전망은 매우 희망적이라는 생각에 매우 고무되었을 것이다. 이것이 바로 아시아의 시대에 아시아협조체제가 주는 약속이기도 하다.

아시아협조체제

오늘날 아시아에 협조체제를 어떻게 적용할지 고찰하기 위해서는 먼저 누가 대상에 포함될 수 있는지 살펴봐야 한다. 현재 아시아의 전략적 체제는 분명하다. 막대한 부와 권력이 동북아시아에 몰려 있다. 이런 체제에서 누가 가장 강력한 국가인가? 협조체제의 회원국은 국력 면에서 동등할 필요는 없다. 일부는 다른 국가들보다 확연히 뛰어날 수 있지만, 가장 약한 국가도 자신의 이해에 부합하지 않을 경우 전체 시스템을 무력화할 수 있을 만큼 강력해야만 한다. 가장 강력한 국가가 다른 국가를 손쉽게 지배할 수 있을 만큼 강해서도 안 된다. 그렇지 않으면 협조체제에 책임감 있게 공헌하는 다른 국가들이 최강국을 온전히 억지하지 못할 것이다. 협조체제를 지속하기 위해 체제 안에는 이런 범위에 들어가는 모든 국가가 포함돼야 한다. 미국과 중국은 분명하게 들어가겠지만 아시아의 세기에 다른 누가 포함될 수 있을까? 몇몇 후보국이 있다.

우선, 여전히 세계 3위의 경제 규모를 자랑하는 일본이 있다. 일본은 현재에도, 그리고 앞으로도 오랫동안 아시아에서 전략적인 강대국이 될 잠재력을 지녔다. 핵심 의문은 일본이 그런 잠재력을 이용해 아시아 체제 속에서 강대국으로 재부상하려 들지 여부다.

이는 확실히 급진적이고 놀라운 일본의 국가 이미지 수정이 될 것이다. 그리고 오늘날 일본인이 그런 급진적 변화에 대한 욕망을 품는지, 일본의 정치체제가 그런 변화를 이끌어낼 능력이 있는지도 의문점으로 남는다. 지난 20년간의 행태를 고려해보면 이들 의문에 대한 대답은 '아니오.'이다. 일본이 자력으로 강대국의 길을 택하기 위해서는 혁명과 같은 정치적 격변이 일어나야 할 것이다.

그렇지만 이는 일본에게 대안이 많지 않다는 점을 의미한다. 일본이 미국의 고객으로 남는다면 일본은 점점 더 5장에서 언급한 딜레마에 빠져들게 돼 있다. 중국이 강해질수록 일본은 중국을 더욱 두려워하고 자국의 안보를 미국에 의존하기 힘들어진다. 결국 일본은 자신의 가장 중요한 두 교역 파트너가 적대적인 관계로 존재하는 상황에 직면하고, 국가 안보를 장담하기 힘든 현실로 몰려버린다.

다른 말로 하면, 일본 스스로 강대국이 되지 않고 미국의 전략적 고객 역할도 포기할 경우 사실상 일본은 중국의 패권, 중국의 고객으로 종속되는 셈이 된다. 일본 사정에 정통한 일부 인사들은 이러한 운명을 피하려는 의지가 현재 일본인들에게 부족하다고 말한다. 어쩌면 그들 말이 맞을지 모른다. 그렇지만 적어도 일본에게는 자국의 안보를 좀더 적극적으로 통제하면서 그들만의 독특한 정체성과 역사 그리고 중국의 지배에 대한 두려움을 해소할 수 있는 기회가 있을 듯하다.

일본이 강대국이 되지 않는다면 아마도 아시아협조체제는 구상하기 어려울 것이다. 일본이 현재처럼 미국에 전략적으로 의존하는 한 미·중 간 협조체제는 발전할 수 없다. 일본이 미국을 일방적으로 지원하는 한, 미국은 중국이 협조체제 파트너로 받아들이기에 너무나도 강력해진다. 마찬가지로 일본이 중국의 전략적 고객이 된다면(이런 일은 일어날 것 같지 않지만), 다른 방식으로 협조체제의 균형을 무너뜨릴 수 있다. 결론적으로 말하자면 안정적인 아시아협조체제는 일본이 미국에 대해 좀더 독립적으로 행동하면서 자신의 능력으로 회원국에 가입할 수 있을 때 가능해진다는 얘기다. 바로 이 점이 아시아협조체제 구축을 힘들게 하는 장애물이다.

인도는 문제가 다르다. 일본의 국력이 정점에서 서서히 쇠퇴하는 반면 인도는 매우 빠르게 성장하고 있다. 일본과 달리 인도는 순탄하게 자신을 강대국으로 인식했고 그렇게 행동하길 열망했다. 그렇지만 인도는 동북아시아의 핵심에서 다소 벗어나 있었다. 그러므로 동아시아에 한정된 협조체제는 당분간 인도 없이도 발전할 수 있다. 그러나 인도가 지속적으로 성장하는 한, 이른 시일 내에 회원국으로 포함시키는 것이 합리적이다.

인도의 힘은 협조체제가 탄력을 받는 데 중요한 역할을 할 것이며 독립적인 지위를 가진 강대국으로써 그 모습을 드러내는 것만으로도 체제 내 여러 세력의 근심을 덜어줄 것이다. 균형적인 측면에서 인도는 꼭 참여해야 한다.

이와는 달리, 러시아는 배제되어야 한다. 앞서 살펴보았듯이 러시아는 향후 오랫동안 열강의 역할을 행사할 것 같지 않다. 러시아의 힘은 협조체제의 일원이 되기에는 부족해 보이며 러시아를 배제한다 해도 협조체제는 약화될 것 같지 않다. 사실 아시아에서 러시아는 열강이라기보다 강력한 중견국의 지위다. 협상 테이블에 중견국을 앉힐 자리는 없다.

이런 원칙은 아시아의 다른 강력한 중견국에도 적용된다. 한국과 베트남은 향후 수십 년 안에 중견국가로서 상당한 힘을 발휘하지만, 한국이 통일된다 하더라도 협조체제에 자리를 요구할 만큼 강력하게 부상하지는 못할 듯하다. 인도네시아만이 궁극적으로 아시아의 강대국이 될 잠재력을 지녔지만 향후 50년 안에는 불가능할 것 같다. 그러므로 당분간 아시아협조체제의 멤버는 4개국(미국, 중국, 일본, 인도)이 될 것이다.

4개국이 동의할 수 있을까?

핵심 질문은 이들 4개국이 아시아협조체제 구축을 위해 필요한 암묵적 이해에 도달하고 유지할 수 있는가이다. 그들에게 필요한 것은 무엇일까? 가장 기본적으로 이들 4개국은 아시아에서 권리와 책임을 서로 동등하게 행사한다는 점을 받아들여야 한다. 쉽지 않은 문제이다. 아시아협조체제 멤버가 될 만한 4개국 중 어느 국가도 강대국 협조체제를 경험하지 못했다. 협조체제가 작동하기 위해서는 4개국 모두 각각의 국제 전망, 심지어 국가 이미지까지 바꿔야 한다.

이런 요구는 어쩌면 미국에 가장 많이 해당될 것이다. 아시아협조체제 구축을 위해 미국인들은 중국을 흔쾌히 평등하게 대우해야만 한다. 중국과 다른 나라들을 군사적·정치적 동료로 받아들이고, 아시아에서 누려온 자국의 이익을 다른 나라와 절충하기 위해 타협해야 한다. 미국은 또 중국 정치체제의 합법성을 인정하고 이 사실을 자국 유권자에게 알려야 한다. 동시에 아시아에서 지속적으로 활동하면서 다른 강대국이 우월적 지위를 차지하려는 시도에 맞서 무력을 사용할 능력을 갖춰야 한다. 만만치 않은 일이다.

물론 이러한 요구들은 중국에게도 만만치 않은 일이다. 어쩌면 더 힘들 수도 있다. 중국은 아시아를 이끌어가려던 꿈을 포기해야 한다. 세계에서 가장 부강한 국가임에도, 과거 미국이 그랬던 것처럼 아시아에서 우월적 지위를 행사하려 들면 안 된다는 점을 받아들여야 한다. 중국 지도부와 국민들은 자국이 강하지만, 월등하게 강력하지 않다는 사실을 인정하는 법을 배워야 한다. 다른 아시아의 열강에게 자신의 우월적 지위를 받아들이도록 강요할 경우 비용이 더 들뿐 아니라 실패하리라는 사실을 수용할 필요가 있다. 그러니 중국은 미국뿐만 아니라 일본과 인도를 동등하게 대해야 한다. 중국 지도부로서는 이 점을 받아들이기 쉽지 않을 것이다. 중국은 열강체제 속에서 강대국의 역할을 해본 적이 없다. 키신저 전 국무장관은 중국이 미국처럼 전통적인 국제질서의 한 일원으로서 단순히 국제질서를 지배하는 것이 아니라, 그 자신 국제질서가 되길 원했다고 주장했다.[27] 그러므로 이는 역사적인 수정이 될 것이다.

당연히 일본에게도 만만치 않은 일이다. 많은 일본인은 조국이 다시 강대국의 역할을 맡는 것을 매우 불편해한다. 그들 중 일부는 1945년 이전처럼 일본이 국력을 잘못 사용하지는 않을까 우려를 한다. 또 다른 이들은 일본이 아시아에서 지도적이고 전략적인 역할을 하는 데 따르는 책임과 비용을 탐탁지 않게 여긴다. 한 가지 이유는 명확하다. 현상유지가 지난 60년간 일본에 잘 맞았기 때문이다. 그렇지만 현상유지를 영구화하는 건 일본이 선택할 수 있는 대안이 아니다. 우리가 알던 것과는 전혀 다른 미래의 대안들 중 선택을 해야만 한다. 일본으로서는 다시 열강이 된다는 차악次惡을 선택하는 게 매우 힘들 것이다.

인도 역시 적응에 어려움을 겪을 것이다. 남아시아 전략시스템 속에서 독립 이후 대체로 고립됐던 인도는 강대국으로서 다른 강대국을 다루는 데 중국보다 익숙하지 않다. 다른 국가처럼, 인도는 자신의 정치적 특성을 재인식해야 할 것이다.

협조체제는 미국에 무엇을 의미하는가?

합법성 | 이 모든 것은 실제로 미국에 어떻게 비쳐질까? 중국을 동등한 열강으로 대한다는 것은 미국에게 정말 어떤 의미일까? 첫째, 미국은 중국 공산당의 일당독재를 포함해 현 중국 시스템의 합법성을 분명하게 받아들일 필요가 있다. 이는 큰 진전이 될 것이다. 많은 사람은 미국이 1972년 이후 이미 그렇게 해왔다고 말하곤 한다. 하지만 진실을 말하자면, 중국을 바라보는 많은 미국인의 태도에는 공산당이 정말 합법적인지에 대한 의구심이 드러난다. 민주정부만이 진정한 합법성을 지니며, 비민주적 정권을 전복하려는 세력을 도와 민주정부로 탈바꿈시키도록 돕는 게 적절하다고 믿는 미국인의 시각을 고스란히 반영하는 셈이다. 이런 시각은 2011

년 11월 오바마 대통령이 호주에서 행한 연설의 곳곳에서 나타난다.

파시즘과 공산주의, 1인 독재, 위원회 정치와 같은 다른 모델들을 시도했
지만 그들은 모두 실패했다. 그리고 이런 모델은 모두 똑같으면서 간단한
이유로 실패했다. 즉 국민의 뜻이라는, 권력과 합법성의 근간을 무시했기
때문이다. 그렇다. 민주주의는 혼란스러울 수도, 거칠 수도 있다. (…) 하
지만 정당이나 이념이 다를지라도 우리는 민주주의가 지금까지 인류에게
알려진 가장 위대한 형태의 정부이며 신의 축복을 받은 제도라는 사실을
알고 있다.

위대한 민주주의 국가인 미국과 호주가 민주주의가 위협받을 때 그 자유
를 강력하게 옹호하는 것은 그런 이유이다. 인도네시아와 같이 새롭게 부
상하는 민주주의 국가와 함께 우리는 좋은 정부가 의존하는 기구가 강화
되도록 도와주는 파트너가 되겠다. 우리는 열린 정부를 지원하겠다. 민주
주의는 현명하고 활동적인 시민의 힘에 의존하기 때문이다. 우리는 시민
사회가 역할을 다하도록 도움을 주겠다. 시민사회는 정부가 책임감을 갖
게 하는 데 큰 역할을 한다. 마지막으로 우리는 여성과 소수자, 토착문화
등 모든 사람의 권리를 진작하겠다. 왜냐하면 모든 시민의 잠재력을 추동
력으로 만들어내는 시민사회는 좀더 성공할 수 있고 번영할 수 있으며 그
리고 더 (…).

역사의 흐름은 밀물과 썰물 같지만 시간을 뛰어넘어 오직 한 방향으로 확
실하고 단호하게 흐른다. 역사는 자유사회와 자유정부, 자유경제, 자유

시민과 같은 자유의 편에 서 있다. 그리고 미래는 이런 이상을 확고하게 지지하는 지역과 세계에 속해 있다.[28]

중국이 언급되지는 않았지만 연설의 주요 타깃이라는 사실은 분명하다. 첫 번째 문단은 중국 정치체제의 합법성에 의문을 제기하면서 붕괴를 예시한다. 두 번째 문단에서는 미국이 그런 절차를 계속 지원하겠다는 의사를 밝힌다. 세 번째 문단에서 오바마는 이런 결과를 적극 환영한다고 밝힌다. 미국 지도자가 중국의 정치시스템을 언급한 것은 오랜만이다. 오바마 대통령은 연설 어디에선가 "자유 없는 번영은 다른 형태의 빈곤"이라고 말하면서 중국 공산당이 수백만 명의 물질적 풍요를 향상시켰다는 업적을 깎아내렸다.

많은 미국인과 인사들은 미국이 그렇게 할 권리를 가졌다고 주장한다. 그들은 오바마 대통령이 연설에서 밝혔듯 자국민의 인권을 조직적으로 학대하는 정치체제 쇠퇴를 독려하고 예견하는 것은 옳다고 말한다. 이는 간과할 수 없는 양국 가치의 차이점을 고스란히 반영한다.

협조체제 구축이 과연 미국의 이러한 발언을 중단시킬 수 있을까? 복잡한 문제다. 물론 미국은 자신이 반대하는 중국 내 정책이나 사건에 목소리를 내면서도 중국과 함께 새로운 질서를 만들어갈 수 있다. 하지만 그러한 질서를 구축하고 유지하는 것은 아마도 더 힘들 것이다. 미국 지도자가 중국 정부의 합법성을 인정하고 어떠한 경우에도 중국 정부에 대해 전복 시도를 하지 않겠다고 확약하지 않는 한, 아마도 불가능하다. 정부 정책 및 행동을 비판하는 것과 정부의 본질적 권위에 도전하는 것은 차원이 다르다. 정부끼리 서로 비판할 수 있고 동등하게 협력할 수도 있다. 그러나 상호 합법성에 대해 의문을 제기하고 전복을 추구하는 정부끼리는 비판도, 협력도 불가능하다. 받아들이기 힘들겠지만 미국은 (중국이 미국 정치에 대해 언급할 때 미국이 기대하는 수준만큼) 중국 정치에 대한 언급을 자제할 필요가 있다.

이는 합법성의 특성에 대한 심오한 문제를 제기한다. 단순히 영토와 국민을 통제한다고 해서 그 정권이 합법적인 것은 아니다. 합법성을 가지려면 이 통제가 국제규범과 국민의 이해를 광범위하게 반영해야 한다. 그렇지만 이런 원칙은 판단과 분별력을 갖고 적용될 필요가 있다. 권력의 행사 방식에 합법성이 달려 있다고 믿을 경우, 우리가 인정하지 않는 특정 정권에 대해서는 비합법적이라고 비난하는 게 마땅하다는 생각으로 옮겨가기 쉽다.

자국민의 이해에 전혀 관심을 기울이지 않는 정부도 더러 있다. 가령 무가베가 있는 짐바브웨나 김씨 왕조가 군림하는 북한이 그렇다. 이런 정권은 말 그대로 비합법적이다. 하지만 중국 정부가 이들과 같은 부류인가? 아니다. 틀렸다고 단정해서는 안 될 무언가가 중국 정부에는 있다. 중국 정부는 정치적 반대 의사에 지나치게 강경하고 반대자에게는 매우 가혹하다. 그렇지만 중국 정부는 자국민의 이익에 무관심하지 않으며 대다수 중국인이 정부를 지지한다는 많은 증거도 있다. 확실히 중국인 중 일부는 정부를 싫어하지만, 국민 대다수가 정부를 합법적이지 않다고 생각한다는 증거는 거의 없다. 그렇다고 미국이 합법성에 대해 말하지 말아야 할 이유 역시 어디에도 없다. 특히 합법성에 대해 언급하지 않은 결과가 잠재적으로 너무 중대할 때는 더욱 그렇다. 그러므로 중국의 인권문제에 관한 우려까지 억제한다는 의미는 아니다. 중국의 인권문제에 대해서는 다음 장에서 좀 더 자세하게 다룰 것이다. 그러나 인권문제와 관련해 중국 정부의 행동을 비판하는 것과 정부의 합법성에 대해 의구심을 드러내는 것 사이에는 크고 중요한 차이가 있다.

이해관계 충돌 │ 협조체제를 묘사하는 한 가지 방법은 국제질서의 포괄적 안정에 지장을 주는 것을 제외한 모든 이슈들이 협상과 절충, 평화적 안착의 과정을 거쳐 다뤄지는, 그런 방식이다. 협조체제를 구축하기 위해 미국은 중국이 선을 넘지 않는다면 자국의 이해와 충돌을 빚더라도 중국이 갖는 국제적 이해관계의 합법성을 인정해야 한다.

여기서 인정은 묵인을 의미하지 않는다. 오히려 이는 힘겨운 흥정을 통해 최선의 결과를 도출하고 타협을 받아들이는 것이다. 이게 바로 교역에서 이뤄지는 협상의 방식이다. 즉 상대방의 비용으로 이득을 추구하는 모든 이들 간 합리적인 상호 인정을 통해 격렬한 경쟁은 조절된다. 미국과 중국이 전혀 다르게 다루고 있는 이란 문제를 살펴보자. 두 나라가 협조체제 안에서 협력한다면 중국이 이란에서 미국의 이해관계를 고려하듯이 미국도 자국과는 전혀 다른 이란 내 중국의 이해관계를 고려해야 한다. 이것만이 차이점을 해결하고 대등한 관계로 가는 유일한 길이다.

이런 원칙이 얼마만큼 확장될 수 있을까? 체제의 안정에 중요하다고 생각되는 이해관계에 많이 의존한다. 가령 특별하고 독점적인 자신의 이해관계가 걸린 곳에서 다른 열강에게 세력 범위를 허락받아야 할까? 생각보다 매우 어려운 문제다. 이론적으로 세력 범위는 근대 자유주의적 국제질서와 꽤 대조적인 것처럼 보인다. 구소련 지역과 가까운 국경지대에서 러시아가 세력 범위를 주장했지만 이런 근거로 강력하게 거부당했다.

그렇지만 실제로 세력 범위는 서반구에서 가장 두드러진 국제질서의 특징으로 남아 있다. 먼로독트린에서 미국은 전 서반구를 자신의 세력 범위라고 주장한다. 인도는 남아시아에서 세력 범위를 주장하고 있다. 심지어 호주는 오랫동안 남태평양의 작은 섬나라와 이웃국가에 대한 세력 범위를 주장하고 있다.

그렇다면 협조체제 구축은 아시아에서 중국의 세력 범위를 인정한다는 의미일까? 확실한 것은 동아시아 지역을 넘어서지는 않는다는 사실이다. 협조체제의 핵심 목표는 정확히 중국이 동아시아를 세력 범위라고 주장하는 것을 예방하는 데 있다. 하지만 일본이 열강이 되려는 것을 중단하지 않고 아시아의 안정을 해치지 않는다면 중국의 세력 범위에 포함돼야 한다는 압력이 계속될 수 있다. 달리 예를 들자면, 인도차이나처럼 다른 열강의 핵심 이해관계가 직접적인 영향을 받지 않는 곳에서는 현실적으로 중국의 세력 범위를 인정해주어야 한다.

이는 복잡하고 예민한 문제다. 많은 사람들은 중국의 세력 범위를 인정하는 건 큰 실수이며 중국이 아시아 전체를 지배하도록 길을 터주는 격이라고 주장하곤 한다. 그렇지만 가령 미국과 그 동맹국이 라오스의 전면적인 정치적 자치 속에서 중국과의 안정적인 관계 기회를 포기하고 자신들의 이해관계를 주장할 가치가 있는지, 현실적인 질문을 해야 한다. 베트남은 어떨까? 다른 열강들은 중국을 둘러싼 확장된 해양 영역에서 중국의 세력 범위를 인정할 수 없다는 점을 명확하게 밝혔다.

반면 중국은 종종 자국을 둘러싼 모든 해양 영역이 자신들의 세력 범위라고 주장을 한다. 예를 들어 '외부 세력'은 남중국해 문제에 대해 아무런 발언권도 없다고 말할 때 그렇다.

그렇지만 일본에게 중국의 이 같은 발언은 자국의 핵심 이해관계와 양립하는 것 이상이 된다. 이렇듯 각자의 세력 범위를 결정하는 것은 아시아협조체제를 구축하는 데 있어 가장 예민하고 민감한 문제가 될 것이다.

군대 | 미국은 독보적인 해상통제권과 서태평양에서의 힘
의 투사 능력을 바탕으로 장기간 아시아에서 강력
한 군사태세를 유지해왔다. 또 이 능력에 대한 어떠한 도전도 불법으
로 간주했다. 미국 관리들은 주기적으로 중국의 군사개발과 관련해
개방적이지 않고 투명성이 부족하다는 비판을 계속했다. 사실 투명
성과 관련한 그들의 불만은 솔직하지 못하다. 왜냐하면 중국의 목표
는 모두에게 분명하기 때문이다. 미국은 투명성을 트집 잡아 성장하
는 중국의 군사력이 정당하지 않다는 덧칠 수단으로 사용했다.

아시아협조체제 하에서 이런 현상은 바뀌어야 한다. 대등한 입장
에서 중국을 대우한다는 것은, 중국의 군사력에 대해 미국이 제한을
가해선 안 되며 중국이 이런 제한을 받아들이지 않으리라는 사실까
지 수용하는 것이다. 일반적으로 미국은 아시아에서 주요 해상 세력
으로서 특권적 지위를 유지할 수 없다는 사실을 받아들여야 한다. 나
아가 서태평양에서 미국의 군사적 옵션을 제한할 수 있는 중국의 능
력을 인정할 필요가 있다. 물론 중국 역시 자신의 군사적 옵션을 제
한하는 미국의 능력을 받아들여야만 한다. 4장에서 개략적으로 살펴
보았듯이 양국 모두에게 이것은 불가피성을 받아들이는 것 이상을
의미할 수 있다.

같은 원칙이 핵전력의 균형에도 적용될 것이다. 평등의 기본조건
은 각 열강이 다른 국가의 핵공격을 억지하는 능력을 구비해 특정 국
가의 핵 선제공격 능력을 제거하고 어느 누구도 핵 우위를 달성하지

못하도록 제한하는 것이다. 다시 말해 이것은 현존하는, 그리고 앞으로 수십 년간 지속될 미·중 간 상황과도 부합하는 문제다. 사실 군사적 측면에서 볼 때 아시아협조체제는 미국이 원하는 대로 바꿀 능력이 없는 전략적 현실을 반영한 것에 지나지 않는다.

선택할 필요가 있을까?

단언컨대 미·중 간 안정적인 관계 구축을 위해 필요한 양보들은 힘들고 고통스러워서 양국 지도자가 결단하기 쉽지 않은 문제다. 일부 국민은 이렇듯 의도적이고 계획적인 양보가 꼭 필요한지 의문을 제기할 것이다. 어쩌면 아시아협조체제는 이상하고 인기 없는 선택을 할 필요조차 없이 불쑥 나타날 수도 있다. 예를 들어 키신저 전 국무장관은 최근 저서《중국에 관해》에서 중국이 강해질수록 미·중 관계는 상대적인 권력 변화가 점차적이고 미세하게 반영돼 진화할 것이라고 주장했다. 즉 어떻게 새로운 질서가 작동할지에 대해 의식적인 선택을 할 필요도 없이, 그들 지위에 대해 상호 의식적인 양보나 수정을 거치지 않은 채 중국의 야심을 수용하는 형태로 새로운 질서가 출현하는 것을 말한다.[29] 일명 '보이지 않는 손'이 작동해 정부와 국민이 사리사욕을 증진하는 선택을 하도록 전략적으로 이끌어갈 것이다. 역사적인 선례도 있다. 19세기 말부터 20세기 초 사이에 세계의 리더십이 영국에서 미국으로 고통 없이 점진적으로, 도전받지 않은 채 이전된 것이 바로 그 실례다.

그러나 패권이 미국으로 이동한 과정을 자세히 살펴볼수록 현재에 적합한 모델은 아니라는 게 명확해진다. 당시 영국의 지위는 현재 미국과 매우 달랐다. 19세기 말 영국은 미국이 아니라 새롭게 패권주의자로 등장한 이웃국가 프랑스와 독일, 그리고 먼 제국 러시아와 일본 등의 전략적 도전에 더 직면했다. 영국은 이들 강대국에 맞서 자신의 우월적 지위를 유지할 기회조차 없었으며, 미국과는 일찌감치 협상하는 쪽이 훨씬 덜 위험하고 쉽다고 판단했다. 영국과 미국의 이해관계는 다른 나라보다 훨씬 더 겹쳤기 때문이다. 나중에 미국의 힘이 강성해지고 영국이 급속히 쇠퇴하면서 영국 정부는 미국의 우월적 지위를 자애롭게 묵인하고 받아들이는 것이 자국의 국익에 최선이라는 점을 이해할 만큼 현명했다. 그리고 실제로 그랬다.

현재 미국은 당시의 영국보다 훨씬 적은 도전에 직면해 있다. 게다가 영국에서 미국으로 리더십이 전이되는 과정은 순조로웠으며, 모든 것을 고려해볼 때 영국이 이 흐름을 수용했기 때문이라는 점을 기억할 필요가 있다. 이러한 맥락에서 미국인은 중국인으로 하여금 자신의 야심이 현실화된다고 믿도록 행동할 필요가 있으며, 중국인들 역시 미국이 여전히 책임을 맡고 있다고 여기도록 행동해야 한다. 양측은 모두 상대적인 지위를 놓고 각자의 시각이 충돌하는 상황을 조심스럽게 피할 필요가 있다. 이는 매우 힘들 가능성이 높다. 한 쪽 정부가 모호성을 유지하려 하는 문제들이 다른 쪽에는 가장 선명하길 원하는 문제가 될 것이다. 게다가 워싱턴이나 베이징의 정부가 조심스러운 태도를 취할지라도 각자의 국민은 아시아 질서에서 자국의 지위에 대해 명료하게 주장하도록 정부에 압력을 가할 것이다.

그러므로 상황은 고통 없이 점진적이며 안정적인 관계로 변화하기보다 갈등과 긴장을 고조하는 방향으로 흘러갈 확률이 높다. 아시아 열강인 두 나라가 그것을 피하려면, 힘든 선택을 감수해야 한다. 많은 반대에 맞서 힘든 선택의 당위성을 자국민에게 호소하고 이에 대한 이해를 이끌어내야만 한다.

THE CHINA CHOICE

서구인에게는 중국과 같은 역사도, 중국이 처한 도전과제도 없다. 서방의 어느 누구도 현재 중국이 겪는 규모의 사회·경제적 전환을 감당해본 적이 없다. 중국 정부의 모든 것을 동의하거나 승인할 필요는 없다. 다만 중국이 서구식 규범에 다라 통치되면 국민 형편이 더 나아지고 안정되며 질서정연하게 성장하고 자유롭게 될 것이라고 가볍게 생각해서는 안 된다.

CHAPTER 9

중국 다루기

왜 지금인가?

권력 분점이 명백한 최선책이라면 미국의 대중對中 선택은 단순해 보일지도 모른다. 하지만 결코 단순하지 않다. 중국과의 권력 분점은 세계에 대한 미국의 역할과 비전에 역행한다. 미국이 야심찬 전제주의 권력에 순응하는 것은 허다한 역사의 교훈, 정책의 격언, 도덕적 원칙, 상식적인 사리분별에 어긋난다. 이런 모든 우려가 중국과 협상하지 말라는 쪽에 무게를 실어준다. 이런 우려들은 진지하게 고려해볼 만한 가치가 있다.

우선 첫 번째 문제는 왜 지금인가이다. 중국과 협상해야 한다는 주장의 기본적인 논리를 이해하는 사람들조차 당장 새로운 관계를 위한 협상에 나서는 것은 현명하지 않다고 주장한다. 오히려 기다리는 편이 낫다고 말한다. 어떤 이는 중국이 계속 부상할지, 미국에 정말로 도전할지 여부조차 불분명하다고 주장한다. 여러 논의에 대한 의구심이 남아 있는 상황에서 중국의 도전이 분명해지기도 전에 협상을 제의하는 것은 옳지 않다는 논리다. 또 다른 이는 몇 년 뒤에 협상하는 쪽이 미국에게 더 유리하다고 주장한다. 그리고 어떤 이는 중국이 계속 성장한다는 가정 아래 지금 미국이 양보를 한다면, 훗날 중국이 흔들릴 때 그 양보를 거둬들이기 힘들다고 걱정한다. 이런 주장들이 권력 분점을 미루는 데 얼마나 설득력이 있을까?

3장에서 우리는 중국의 힘과 야망에 대해 고찰했다. 중국이 계속 강력하게 성장할지, 권력 신장과 함께 영향력 확대를 향한 야망도 높아질지 우리는 확신할 수 없다. 그렇지만 냉철하게 따져보면 중국은 최근까지 힘과 야망을 계속 키워왔으며 향후 수십 년 동안 더 키울 것이라는 전망을 미국의 대중對中 전략에 포함시켜야 마땅하다. 무언가 예기치 않은 사태가 일어나거나 중국이 약해질 거라는 낙관적인 희망에 기대 대중對中 선택을 하는 것은 그야말로 무책임하다. 미국에 비해 상대적으로 중국이 더 성장한다면(실제로 그렇겠지만) 시간은 진정 미국편이 아니다. 지금과 같은 추세라면 중국 경제는 앞으로 10년 뒤 미국을 추월하고, 증가하는 무게감에 비례해 지역 영향력도 막강해질 것이다. 국방력 역시 서태평양에서 미국의 능력을 무력화하기에 충분할 것이다. 그러므로 힘의 균형이 더 중국 쪽으로 기울기 전에 가능한 빨리 새로운 관계 설정을 위한 협상을 하는 게 미국의 이해관계에 부합한다. 중국의 도전이 확실해질 때까지 협상을 미뤄야 한다는 시각은 사실상 시대착오적이다. 이런 시각은 미국의 우월적 지위에 대한 중국의 도전이 더 이상 미래의 가능성이 아니라 냉엄한 현실이라는 점을 간과한다. 도전이 실현될 때까지 미국이 기다려야 한다고 말한다면, 그때는 너무 늦다. 도전은 이미 시작됐다.

만일 중국이 비틀거린다면 어떻게 될까? 지금 미국이 중국에 양보할 경우 나중에 되돌리는 것이 불가능하다는 걱정을 워싱턴이 할 필요가 있을까? 미국이 중국에 인정했던 정치적·전략적 공간을 거둬들이는 것은 얼마나 힘들까? 이 책의 모든 주장은 중국의 힘이 커지면서 아시아에서 미국에 비해 상대적으로 전략적·정치적 무게감을 더 행사할 것이라는 전망에 의존하고 있다. 훗날 미국에서 중국으로 이동했던 패권이 뒤집어진다면 그때에는 정치적·전략적 무게감 역시 뒤바뀌게 되고, 미국은 과거에 인정했을지 모르는 것들을 회수하기에 훨씬 유리한 위치를 차지하게 될 것이다.

시간이 미국편이 아니라는 데에는 또 다른 뜻이 있다. 우리가 살펴보았듯 두 나라가 점차 격렬하고 험악한 라이벌 관계로 진입하면서 협상 가능성은 줄어들고 있다. 이런 현상이 가열될수록 양쪽이 경쟁에서 한 발 물러나 절충을 시작하는 것은 더욱 어려워진다. 이런 점을 고려할 때, 가능한 한 빨리 중국과 마주앉아 협상하는 것이 적게 잃고 많이 얻는 길이다.

이른 시일 내에 중국과 협상을 시작하는 것이 합리적일지라도 왜 미국이 먼저 움직여야 하냐고 물을 수 있다. 어쨌든 지역질서를 바꾸길 원하는 쪽은 중국이며, 그러므로 먼저 움직이는 것은 중국의 몫이라는 논리다. 마음이 끌리는 주장이다. 앞서 살펴본 다른 것과 마찬가지로 그 책임이 미국의 정치지도자로부터 다른 누군가에게로 옮겨가기 때문이다. 그러나 미국 지도자 입장에서 중국이 먼저 움직이도록 기다리는 것은 쉬울 테지만 결코 미국의 이해관계에 부합하지는 않을 것이다. 왜냐하면 미국의 미래 안보를 중국의 손에 맡기게 되고 중국 지도자의 정치적 용기와 정책적 비전에 의존할 수밖에 없기 때문이다. 상황이 이렇게 돌아가면 중국 지도자가 자신들보다 더 많은 정치력을 보여줄 것이라는 희망에 미국인들이 의존하게 한다. 반대의 경우, 미국은 베이징을 협상장에 끌어들이기 위해 가능한 모든 것을 동원해 중국의 협상 의지를 시험해볼 수 있다. 이는 미국이 먼저 주도적으로 중국을 협상테이블에 이끌어낼 수 있도록 최대한 합리적인 제안을 내놓아야 한다는 것을 의미한다. 적어도 미국이 합리적인 조건으로 협상을 할 의지가 있다는 게 명백해 보일 정도는 돼야 한다. 미국은 먼저 협상하려는 이유가 유약함을 보여주는 신호가 될까봐 두려워해서는 안 된다. 존 F. 케네디 대통령은 일찍이 "협상하길 두려워하지 말자."고 했다. 물론 그는 "두려워서 협상하지 말자."라고도 했다. 최고의 협상법은 자신의 강점과 약점에 대한 현실적인 평가와 뚜렷한 자신의 이해관계를 파악하는 것에서 출발한다.

중국과의 협상 과정은 결코 간단치 않을 것이다. 다른 협상이 그렇듯 중국이 행동하는 방식은 미국의 행동방식에 달려 있으며 반대 경우도 마찬가지다. 미국이 받아들일 수 있는 유일한 결과가 자신의 우월적 지위라고 분명하게 선언한다면 아시아에서 중국이 받아들일 수 있는 유일한 결과 역시 중국의 우월적 지위라고 해도 놀랍지 않다. 마찬가지로 미국의 자유와 안전이 자국의 통치모델을 보편적으로 수용하는 것에 달렸다고 미국이 말한다면, 중국이 똑같은 말을 해도 놀라서는 안 된다. 이것은 라이벌 관계에 현재 있지도 않은 이념적 요소를 입히는 셈이다. 이러한 사실은 미국이 애초부터 가운데 어딘가에서 중국과 절충하겠다는 의지를 분명히 할 경우, 아시아에서 중국이 동의하고 받아들일 만한 질서를 쉽게 구축할 수 있다는 점을 시사한다. 어떤 협상에서든 본질적인 첫 번째 단계는 내가 협상할 의지가 있다는 사실을 분명히 밝히는 것이다.

새로운 냉전?

라이벌 관계의 비용과 위험부담이 협상의 비용과 위험부담보다 더 클 때에만 이런 방식으로 중국과 거래를 하는 것이 합리적이다. 나는 그러하다고 보지만 많은 사람들은 동의하지 않는다. 그들은 중국이 이미 주요 전략적 라이벌이라는 점을 인정하면서도 이 관계가 협상보다 낫다고 믿는다. 이런 시각은 누구보다도 애런 프리드버그Aaron Friedberg 프린스턴대 교수가 고상하게 발전시켰다.[30] 프리드버그 교수는 미국이 중국의 야심과 타협하기보다는 좌절시켜야 한다고 주장하면서도 이것이 틀림없이 경쟁을 고조시킬 것이라고 인정했다.

이런 시각은 본질적으로 두 가지 판단에 기초한다. 우선 미·중 간 경쟁이 분쟁 위험부담이나 경제적 혼란 없이 통제될 수 있다는 다소 낙관적인 견해다. 두 번째는 중국과 안정적인 협상을 구축하는 기회에 대한 좀더 비관적인 견해다. 앞선 장에서 나는 전략적 라이벌 관계가 존재하는 한 아시아의 미래는 매우 비관적이라고 주장했다. 또 타협의 기회가 많을 것이라는 낙관주의에 대해 그렇지 않다고 주장했다. 여기서 이 주장을 다시 반복하지는 않겠다. 그렇지만 핵심 문제에 대한 반대 의견의 근거를 좀더 면밀히 살펴볼 필요는 있다. 어떻게 중국을 다룰 것인지에 대한 많은 판단은 냉전 경험에서 비롯됐다. 특히 미국이나 유럽 국가의 경우 냉전은 오랫동안 긴급하고 당면한 현실이었다. 서방에게 냉전 종식은 봉쇄정책이 성공했다는 강력한 증거였다.

그들은 미국이 꿈쩍하지 않는 한, 중국은 아시아에서의 영향력 확대가 분쟁 비용만큼 값지지 않다는 사실을 이해할 것이라고 주장한다. 결국 이것은 냉전 시기에 일어났던 것이다. 구소련을 봉쇄하는 북대서양조약기구의 확고한 결정으로 인해 소련은 현상유지와 전쟁이라는 냉혹한 선택의 순간에 직면했다. 또 소련이 얻을 수 있는 그 무엇도 그 대가에 상응하는 값어치가 없다고 쉽게 확신했다. 중국도 분명히 같은 계산을 할 것이라고 낙관주의자들은 믿는다. 만일 그렇다면, 미·중 간 대립은 우리가 냉전 시기에 목격했던 것과 같은 종류의 안정을 정착시켜야 한다. 그것이 제대로 작동한다면 문제가 없다. 그렇지 않은가?

글쎄, 그럴 수도 있다. 하지만 돌이켜보면 우리는 냉전의 마지막 기간까지 드리워졌던 전면적인 핵전쟁 위험성과 소련이 붕괴하는 순간까지 핵전쟁을 피할 수 있었던 천운天運을 간과하는 경향이 있다.[31] 핵으로 무장한 초강대국이 장기적 경쟁관계에 돌입해 우리의 행운을 대수롭지 않게 시험하는 상황을 되풀이해서는 안 된다. 게다가 중국이 소련과 같은 선택 상황에 처했다고 믿을 거라 가정해서도 안 된다. 냉전이 냉전으로 그친 이유는 미국이 유럽을 변화시키려는 열정보다 현상을 유지하려는 의지가 더 강하다고 소련이 믿었기 때문이다. 사실 미국은 서베를린을 잃지 않기 위해 핵전쟁까지 벌이려 했다. 아시아의 냉전은 중국과 미국의 의지가 같다고 판단될 때에만 냉랭하게 유지될 수 있는데, 이럴 가능성은 거의 없다고 본다. 앞장에서 살펴본 여러 이유로 미국은 현재 아시아에서 냉전 시기 유럽만큼 위태롭지 않으며 중국도 이를 알고 있다. 그리고 중국에게는 아시아의 현 상황을 변경하는 것에 과거 유럽에서의 소련보다 더 많은 명운이 달려 있다. 냉전 상황에서 소련은 분명 강대국이자 미국의 상대로 인정받았다. 아시아의 현재 상황은 중국에 그렇게 많은 지위를 부여하고 있지 않다. 따라서 중국은 냉전 시기 소련보다 얻을 것이 많고 동시에 두려워할 것이 적다.

중국과의 타협보다 대립을 선호하는 사람들은 현재의 대립이 조만간, 어쩌면 곧 미국에 유리한 방향으로 끝날 것이라고 믿는 경향마저 있다. 가령 프리드버그 교수는 중국의 정치체제가 결국에는 자유화될 것이며, 그때가 되면 미국은 안전하게 봉쇄에서 화해로 정책 방향을 바꿀 수 있다고 주장한다. 그는 자유화된 중국이 현상유지에 만족할 것이며 민주정부에서는 어떤 양보든 더 쉽게 받아낼 수 있을 거라고 믿었다. 이것 또한 지나치게 낙관적인 전망이다.

마지막으로 냉전이 진행되면서 미국은 상대적으로 강해지고 소련은 상대적으로 쇠약해졌다는 중요한 사실이 있다. 이런 일은 중국에 일어나지 않는다. 냉전의 역사가 반복될 것이라고 생각할 근거는 없다. 문제가 되는 모든 면에서 중국은 소련이 아니다. 봉쇄정책이 냉전 시기와 같은 결과를 양산할 것이라는 가정 아래 중국을 봉쇄해야 한다는 주장들은 이런 핵심적인 사실로 인해 무너질 수밖에 없다.

타협은 비非미국적인가?

중국에 대한 선택은 자아상의 충돌을 초래했다. 미국인은 자국의 리더십이 자연스러울 뿐만 아니라 필연적이며, 자신의 조국은 예외적인 나라라고 믿는다. 그런 나라에게 '으뜸'은 선택이 아닌 필수다. 동시에 미국인은 썩 내키지는 않지만 공익을 위한 질서 유지의 유일한 방법으로 자신들이 우월적 리더십이란 부담을 지고 있다고 생각한다.

그런 나라에게 최고라는 자리는 바라는 무엇인가가 아니다. 어쩔 수 없이 받아들이되 더 이상 필요 없을 때 기꺼이 놓아줄 수 있는 것이다. 현재 미국의 대중對中 선택은 이런 두 가지 자아상 사이에서의 선택이다. 선택과정에서 미국인들은 틀림없이 자신의 선조가 품었던 비전에 비추어 어떤 자아상이 더 진실한지 고민할 것이다. 그렇다면 로마시대에 존경받았던 이상적인 킨키나투스*와 같은 두 번째 이미지가 이상에 더 잘 부합한다는 강력한 주장이 있다.

하지만 현재 미국의 선택은 킨키나투스가 로마 집정관을 포기하고 농부의 삶으로 돌아간 과거보다 훨씬 복잡하다. 여기에 세 번째 선택으로 다른 국가를 동등하게 대하고 절충과 힘겨운 흥정을 통해 권력을 분점하는 방법이 있다. 그런 선택이 미국의 예외적 특성과 양립할 수 없을까?

미국인은 조국이 너무나 원칙적이어서 힘의 정치로 상징되는 옛날 방식의 이간질과 추잡한 타협 같은 권모술수에 끼어들지 않는다고 오랫동안 믿었다. 미국의 정책은 이렇게 냉소적으로 주고받는 식의 이해관계에 따라 결정되지 않았으며 오히려 타협할 수 없는 가치와 원칙을 고수해왔다는 것이다. 흥정과 절충을 거부하는 것이 미국의 변함없는 대외정책이라고 그들은 인식했다.

당연히 현실은 이런 높은 이상에 딱딱 들어맞지 않는다. 그리고 좀

---

* 킨키나투스는 기원전 5세기 도시 방어를 위해 로마의 임시 집정관에 오르지만 전쟁이 끝나자 정치권력을 자발적으로 포기하고 농부의 삶으로 돌아간 인물이다.

더 중요하게도 미국 대외정책의 역사는 그들의 믿음과 달리 복잡한 진실을 말해준다. 미국인의 이상적인 상상과 달리, 미국의 대외정책은 다른 나라와 일을 할 때 자국의 이익과 가치를 지키기 위해 적절한 비용을 치러가며 타협과 흥정을 마다하지 않았다. 사실 대다수 미국 대외정책의 위대한 업적은 속박 받지 않는 자유로운 리더십이 아니라 상대가 큰 나라든 작은 나라든 상관없이 인내심 있고 개방적이며 유연하게 협상과 절충을 해낸 결과물이었다. 조지 케넌, 프랭클린 D. 루스벨트, 키신저, 닉슨과 같은 미국의 대외정책 연구자와 집행자들은 모두 이런 접근법을 채택했다. 미국의 패권만이 자신의 예외적 지위와 국제적 개입을 양립시킬 수 있는 유일한 형태라는 주장은 그들의 생각과 행위에 비춰볼 때 허구다. 우리는 루스벨트 전 대통령이 고안한 유엔과 전후 질서의 비전, 키신저와 닉슨 대통령이 중국과 수교한 과정을 생각할 필요가 있다.

중국을 신뢰할 수 있을까?

봉쇄정책을 선호하는 사람은 중국이 믿을 만한 종류의 나라인지 의구심을 갖는다. 많은 사람들은 과연 중국 정치체제를 신뢰할 수 있는지, 심지어 중국과 협상을 하고 유지할 수 있는지 무조건적으로 의심한다. 그런 의구심이 강하게 들 때는 그 우려가 얼마나 실체적인지

주의 깊게 분석하는 작업이 중요하다. 그러다 보면 중국이 국제협약을 확실히 준수했다는 기록이 눈에 띈다. 하지만 좀더 깊이 살펴보면 주목할 만한 두 가지의 다른 관점을 만나게 된다.

첫 번째, 중국이 아시아의 지역질서를 구축하고 이를 유지해야 할 시기가 도래했을 때 미국과 일할 수 있는 나라인지에 대한 문제다. 이는 또다시 냉전 시기 소련과의 유사점을 유추하는 것으로 손쉽게 설득력을 갖겠지만 진실을 호도하는 것이다.

2차 세계대전이 끝나갈 무렵 미국은 전시 동맹국과 집단 세계지도 체제를 구축하려 했다. 루스벨트 대통령의 전후 질서에 대한 비전은 근본적으로 '빅4'의 협조체제였다. 빅4는 미국과 소련, 영국, 중국을 말한다. 이 비전은 미국 지도자들이 소련에 대해 이런 방식으로 협력할 대상이 아니라고 판단한 뒤 봉쇄정책으로 돌아서면서 폐기됐다. 조지 케넌*은 이른바 '소련 행동의 근원'이라 알려진 외교전문지 〈포린 어페어스〉의 기고문 'X논문'과 모스크바에서 보낸 긴 외교전문을 통해 정책 전환을 위한 주장을 내놨다. 오늘날 이 논문들은 주로 봉쇄정책을 옹호하기 위해 기억된다. 하지만 더 중요한 사실이 있다. 소련이라는 나라를, 프랭클린 D. 루스벨트 대통령이 죽는 날까지 구상

---

* 조지 케넌(1904~2005)은 '봉쇄정책의 아버지' '냉전의 설계자'로 알려진 미국의 외교관이자 정치가, 역사가다. 그는 소련 주재 외교관으로 근무하면서 8,000자에 이르는 '긴 전문'과 외교잡지 〈포린 어페어스〉에 기고한 'X 논문'을 통해 미국의 대 소련 관련 정책 입안에 결정적인 영향을 끼쳤다.

했던 세계협조체제 등을 구축하고 유지하는 데 있어 미국은 물론 다른 열강들이 믿고 협조할 만한 국가가 아니라고 못박아버렸다는 점이다. 케넌이 제기한 주장의 핵심은 매우 간단했다. 소련 정권은 정치적 정통성을 얻기 위해 자국민들에게 미국인에 대해 줄기찬 적대감을 주입하고 미국과는 전략적으로 쓰라린 대립관계에 있을 수밖에 없다는 생각을 강요한다. 그러므로 미국은 소련을 협조 상대로 신용할 수 없다는 논리였다.

현재 미국은 중국에게도 같은 잣대를 들이댈지 여부를 놓고 고심 중이다. 중국 공산당의 정통성이 미국과 경쟁의식을 고무하는 데 의존할까? 케넌의 주장은 소련 정권이 국민에게 별로 해준 것도 없으면서 많은 것을 요구했다는 사실에 근거한다. 오늘날의 중국에 이 논리를 똑같이 적용하기는 힘들다. 중국 공산당이 국민에게 충성심을 요구하고 합법성을 주장하는 주된 이유는 괄목한 만한 경제성장과 상대적인 정치안정을 이뤘다는 데 있다. 게다가 중국의 안정과 경제성장은 공산당이 활동할 수 있는 공간을 마련해줬다.

중국이 장차 변하고 중국 지도자가 미국과의 라이벌 관계 및 지역패권 획득이 매우 중요하다고 여겨, 이 목표가 중국 지도부의 유일한 정통성 토대가 될지 모른다는 주장도 꽤 일리가 있다. 하지만 과거는 물론 현재의 중국 지도부가 이러한 논리를 펴지 않는다는 사실은 분명하다. 이는 중국이 기꺼이 미국과 타협하고 합의에 도달할 수 있다는 희망을 갖게 한다. 케넌이 살펴본 러시아와 달리 중국은 앞으로도 미국을 적으로 정의할 필요가 없다. 이는 지속가능한 질서를 협상할 기회가 있다는 점을 의미한다.

두 번째 문제는 거래를 성사시킨 뒤, 중국이 추가로 더 무엇을 요구할지 믿을 수 없다는 점이다. 신흥 강대국에게 한번 양보하기 시작하면 그것을 멈추기 어렵다는 위험부담이 따른다. 부상하는 강대국은 계속 더 요구하고 미국은 합의를 이끌어내기 위해 자꾸 양보하다 결국 물러날 곳 없는 곳까지 이르게 된다. 이럴 때 사람들은 극단적인 교훈을 끌어온다. 즉 너무 많이 양보하지 않기 위해서는 아무것도 양보하지 말아야 한다는 것이다. 이런 일련의 추론은 정치적으로 매력적이고 감정적으로도 만족스러울 수 있다. 하지만 이 같은 논리는 아주 중요한 오류에서 나왔으며 잘못된 정책으로 이어질 수 있다.

물론 중국은 원하는 모든 것을 얻기 위해 미국의 양보를 얻어낼 수 있는 한 계속 밀어붙일 것이다. 그러나 여기서 흔히 하는 두 가지 실수를 면하려면 다음 사항에 유의해야 한다.

첫 번째 실수는 미국이 현상유지를 목표로 한다면, 양보할 필요도 없으며 달라질 것도 없다는 환상에 빠지는 일이다. 명심하라. 현재 미국은 현상유지와 변화 허용을 놓고 선택하는 게 아니다. 서로 다른 두 가지 미래 사이의 선택이다. 하나는 현상유지를 위해 중국과 경쟁관계를 고조하는 데 따르는 비용을 미국이 지불하는 것이며, 다른 하나는 아시아에서 자신의 역할 축소라는 비용을 지불하고 양보하는 대신 가공할 만한 적과 경쟁관계를 피하며 혜택을 얻는 것이다. 미국이 굳건하게 현상유지를 택한다고 해서 중국이 떠나버린 자리에 모든 것이 지금처럼 남아 있을 가능성은 전무하다.

두 번째 실수는 아무것도 인정하지 않거나 모든 것을 인정하는 것 사이의 중간 지점이 없다는 견해다. 어디쯤에서 양보를 멈춰야 할까. 그 선택은 미국의 몫이며 해답은 정책보다 마음가짐과 더 관련이 있다. 사람들은 양보 심리에 가속도가 붙어 실제보다 더 큰 양보를 하지 않을까 우려한다. 이는 경매에서 값을 부르거나 시장에서 흥정하는 모든 이들이 알고 있는 위험요소다. 비결은 어디까지 가격을 부를지 미리 분명하게 정하는 것이다.

오늘날 미국 정치가 직면한 도전은 어느 지점에서 양보를 중단시켜야 할지 알아내는 일이다. 또 양보를 멈춰야 할 지점에 도달했을 때 이를 중국에 분명하게 설명하고 그 이상 요구할 경우 어떤 일이 일어날지 알려주는 일이다. 매우 세심한 고려가 필요한 문제다. 선을 넘어서서 중국이 밀어붙일 경우, 어떤 비용을 치르더라도 저지하겠다는 미국의 결심이 굳건해야만 한다.

궁극적으로 이 결심은 전쟁을 불사하겠다는 것을 의미한다. 미국이 중국과 싸울 각오가 없다면, 아시아 미래 질서에서 자신의 역할을 주장하고 신뢰를 받으려 해선 안 된다. 이런 결의만이 중국의 추가 요구를 막을 수 있다.

유화정책과 뮌헨의 교훈

1938년 네빌 체임벌린 영국 총리는 무력시위 카드로 협박하는 히틀러를 용인하고 거래를 지속함으로써 유럽에서 전쟁을 피하고 패권을 추구하는 나치의 야심을 만족시켰다고 믿었다. 체임벌린 총리는 자신의 정책을 '유화정책'이라 부르며 뮌헨에서 히틀러와 타협했다. 그렇지만 히틀러는 만족하지 않았고 이듬해에 전쟁이 일어났다. 오늘날 많은 사람들은 아시아에서 좀더 많은 권력과 영향력을 원하는 중국의 야심을 수용하자는 견해에 대해 같은 실수를 반복하는 행위라 여길지도 모른다. 이는 강력한 비난이다. 대외정책과 관련한 많은 논쟁은 역사적 유사점을 지적하면서 일어났다. 그리고 뮌헨회담은 역사적 유사점 중 현재와 가장 비슷한 사례이기도 하다. 뮌헨회담은 '유화'라는 단어를 가장 강력한 대외정책 용어로 만들었다. 분석할 필요조차 없이 어떤 제안도 무력화할 수 있는 한 단어짜리 반박이다. 1939년 이후의 모든 주요 대외정책에 뮌헨회담의 사례가 적용된 것은 어찌 보면 당연하다. 여기에는 한국과 베를린, 대만, 수에즈 운하, 쿠바, 베트남, 아프가니스탄, 이라크(2차례) 등도 포함된다. 하지만 이들 분쟁 위기 사례 중 극소수만에서만 뮌헨회담의 교훈이 제대로 적용됐을 뿐, 오히려 종종 끔찍한 호도로 드러나기도 했다.

그럼에도 뮌헨회담이 남긴 교훈은 여전히 강력하며, 오늘날 이 사례를 올바로 적용하는 것을 미국은 진지하게 고려할 필요가 있다. 그

아돌프 히틀러(오른쪽)와 네빌 체임벌린 영국 총리(왼쪽)가 1938년 9월 30일 뮌헨에서 만나 악수를 하고 있다. 이 때 유럽 열강인 영국과 프랑스가 뮌헨회담 내용에 서명을 함으로써 약소국 체코슬로바키아의 운명은 한순간에 달라졌다.

러기 위해 미국은 우선 뮌헨회담이 남긴 교훈은 과연 무엇인지를 제대로 규명할 필요가 있다. 전문가와 대중에게 인기가 있는 일반적인 시각은 설사 비용이 들더라도 더 많은 권위와 영향력을 추구하는 야심찬 열강과 타협하면 안 된다는 식의 논리다. 나치 독일이 증명했듯이 야심찬 미래 열강은 만족할 줄 모르며 결국에는 미국의 핵심 이해에까지 도전할 것이라는 우려를 담고 있다. 나아가 그 열강의 야심이 확실하게 견제되지 않을 경우, 전쟁이 불가피하다는 전제가 붙는다.

또 확실하게 견제된다면 잠재적 열강은 패배를 인정하고 현상유지를 수용할 수밖에 없다는 생각까지 포함한다. 뮌헨회담은 그러므로 비관과 낙관주의가 특이하게 섞인 결과물이다. 중국의 야심은 히틀러만큼이나 만족을 모른다고 비관적으로 생각하는 동시에 미국이 굳건하게 타협하길 거부한다면 그들의 야심은 자연스레 사라질 것이라며 긍정적으로 전망한다. 이 두 가지 가정은 참으로 위험하다. 이를 무비판적으로 받아들일 경우, 평화롭게 지낼 수도 있었던 강력한 열강과 전쟁을 벌이는 끔찍한 위험부담을 감수해야 한다.

그렇다고 단순히 뮌헨회담의 타협으로 돌아가자고 하는 것은 진지한 분석을 위한 대안이 안 된다. 뮌헨회담 방식을 현재 상황에 적용하기 전에 중국이 1938년 나치 독일과 얼마나 닮았는지 고려해야 한다. 여기에는 두 가지 문제가 있다.

첫째, 중국은 정말로 나치 독일만큼 만족할 줄 모르는 걸까? 누군가에게는 중국이 아시아의 질서 변화를 원한다는 사실만으로도 과거 유럽에서 히틀러가 그랬듯 아시아 질서를 전복하려 한다고 확신하기에 충분하다. 중국이 미국의 우월적 지위를 기꺼이 수용하지 않고 논쟁을 계속한다는 이유만으로, 그들이 어떤 비용을 감수하고라도 아시아를 지배하려 든다고 단정해도 좋을까. 근거 없는 주장이다. 물론 일부 중국인은 그런 야심을 키우고 있으며 그들이 영향력을 확대할 수는 있다. 그렇지만 최근 10여 년간의 중국 행동을 살펴볼 때 이러한 우려가 현실화될 만한 징후는 보이지 않는다. 사실 여러 증거는 오히려 다른 방향을 가리킨다. 중국은 야심이 넘치지만 조심스럽고 보수적이다. 영향력 확대 욕망과 질서 유지 요구 간 균형을 맞추면서 미국과의 직접적인 분쟁은 피하려는 듯하다. 일부에서는 중국의 대만정책을 반대 사례로 거론한다. 하지만 모두가 중국 영토로 인정한 대만정책을 근거로 그들이 아시아 전체를 예속하려 한다고 주장하는 건 엄청난 견강부회다.

둘째, 미국이 중국과 강경하게 대립한다면 지역질서에 제기하는 그들의 도전이 사라질까? 뮌헨회담에 대한 후일담 중에는 만일 체임벌린 총리가 1938년 히틀러에 맞섰다면 독일에서 히틀러의 권위는 무너져 다른 장군에 의해 권좌에서 물러났을 것이며, 유럽 질서에 대한 독일의 도전도 무산됐을 것이라는 설이 있다. 이견이 분분한 가정이지만, 어떤 경우에도 오늘날 대對 중국 정책을 만드는 데 큰 도움은 되지 않는다. 문제는 힘이다. 오늘날 중국은 1938년 독일보다 잠재적 적국에게 상대적으로 더 강력하다. 미국이 '아니오.'라고 말한다고 해서 중국이 물러나 무기한 현상유지를 감수할 거라고 생각한다면 그야말로 순진하다.

이 모든 상황은 미국이 뮌헨회담의 교훈을 오늘날 아시아에서 적용하는 일에 신중해야 한다는 점을 시사한다. 무엇보다 중국은 나치 독일과 전혀 비슷하지 않다. 중국은 좀더 강력하며 나치처럼 무모하지 않다. 유럽에서 75년 전 효과를 봤을지 모르는 전략이 현재 아시아에서 통할 것이라고 나태하게 판단한다면 중국을 잘못 이해한 것이다.

그렇다면 뮌헨회담은 우리에게 어떤 교훈을 주는가? 일반적인 견해와는 다를 수도 있지만 매우 중요한 교훈이 있다. 이 교훈들을 이해하기 위해 우리는 결과를 알고 있다는 이점을 버리고 당시 체임벌린 총리가 직면했던 선택을 (지금 우리가 아는 것이 아니라) 그의 상황에서 바라보아야 한다. 이런 방식으로 바라볼 때 체임벌린 총리가 히틀러를 달래기 위해 수데텐란트*를 할양한 것은 실수가 아니다. 비록 가혹하지만 수데텐란트의 운명이 유럽의 대규모 전쟁보다 가치가 없다고 그는 판단했으며, 이것이 자신에게 주어진 선택지라고 믿었을 수 있다. 마찬가지로 1939년 3월 히틀러가 체코슬로바키아의 나머지 영토를 합병한 뒤 그해 9월 폴란드를 침공했을 당시의 언행으로 살펴보건대, 체임벌린 총리는 폴란드의 독립을 놓고 독일과 싸울 의지가 분명히 있었다.

체임벌린 총리의 실수는 영국이 폴란드를 위해 전쟁까지 불사하겠다는 의지를 히틀러에게 분명히 전달하지 못했다는 점이다. 확신할 수는 없지만 영국과 프랑스가 참전했을 때 히틀러는 적잖이 놀랐으며, 두 강대국이 참전한다는 사실을 알았다면 그는 물러섰을지 모

---

* 면적 2만 3000km²로 1938년 뮌헨회담에서 영국과 프랑스는 히틀러의 요구를 받아들여 체코 영토인 이곳을 독일에 할양했다. 이곳 외에도 북부 리베레츠와 야블로네츠나드니수, 서부의 카를로비바리, 마리안스케라즈네 등이 독일 소유가 됐다. 제2차 세계대전 후 체코에 반환됐으며 독일인은 대부분 독일로 돌아갔다.

른다는 점을 일부 증거가 보여주고 있다. 그러니까 뮌헨이 우리에게 던지는 진짜 교훈은 신흥 열강에게 절대 양보하지 말라는 점이 아니라 어느 선에서 양보를 멈출지, 그리고 그 선을 넘을 경우 단호하게 행동하겠다는 의지를 확실히 천명해야 한다는 사실이다. 뮌헨회담이 오늘날 미국에 함축하는 뜻은 분명하다. 중국과 절충을 거부할 것이 아니라 오히려 미국이 어느 선에서 양보를 멈출 것인지 그 한계를 중국이 수용하도록 하는 것, 나아가 그 선을 넘을 경우 미국은 절대로 물러서지 않는다는 점을 아주 명료하게 보여주는 데 있다.

가치와 인권 문제

마지막으로 가치의 문제가 있다. 이는 많은 사람에게 여전한 난제다. 중국에서 벌어지는 인권 침해는 권력 분점이라는 대외정책 개념이 인권과 같은 가치들에 근간해 이뤄져야 한다고 굳게 믿는 사람들의 신념에 역행하는 것을 의미한다. 중국 정부는 천안문 사태를 진압한 책임이 있으며 여전히 종교의 자유를 인정하지 않고 정치적 반대 의견을 탄압하며 소수자를 억압한다. 많은 이들은 미국이 어떻게 그런 정권과 협조를 하고 대등한 상대로 인정할 수 있는지 질문할 것이다.

중국 정부는 일상적으로 많은 사람의 인권을 침해한다. 그들은 공산당의 역할에 도전하는 공개적 반대가 정치적 혼란과 사회적 분열을 야기할 것이라고 주장한다. 그러므로 반대 의견을 제한하는 것이야말로 중국 국민의 이해에 속한다고 말한다. 정치적 반대 의견에 대한 중국 정부의 억압은 서구인들에게 질서 유지 차원을 넘어선 가혹 행위로 보인다. 중국 국민의 이해는커녕 공산당 체제 유지를 위한 수단으로만 여겨진다.

어느 관점이 옳은가는 현대 중국을 판단하는 데 있어 매우 중요하다. 여기에는 세 가지 가능성이 있다. 하나는 공개적인 반대의사 표명이 정치적 혼돈을 야기할 수 있다는 당국의 주장이 옳다는 것이다. 두 번째 가능성은 비록 중국 정부의 두려움이 오해이거나 과장됐을지라도 그들이 진정으로 그렇게 믿는 것이다. 세 번째는 공산당이 단순히 체제 유지를 위해 혼란 가능성을 유포하고 질서 유지란 구실을 끌어들일 가능성이다. 세 번째는 어느 정도 납득되지만 처음 두 가지 가능성이 현실과 부합하지 않는다고 정말 확신할 수 있을까? 중국의 역사와 지도부 개인의 경험을 고려했을 때, 위의 두 가지 가능성을 고려하지 않는다면 그게 더 놀라울 수 있다. 중국 지도부는 정치적·사회적 무질서를 서방 지도자들보다 훨씬 더 두려워하며 자유와 질서 간 균형 유지 문제도 다르게 본다. 또한 많은 혼란과 억압에도 불구하고 오늘날 중국은 장구한 역사에서 자국민이 누린 그 어떤 자유보다 더 많은 정치적 자유를 제공했다는 주장도 설득력이 있다.

이것은 중국의 결정에 서방이 동의해야 한다는 뜻이 아니라 중국의 도덕적 입장에 대해 미국인이 내리는 판단에 영향을 끼친다는 뜻이다. 많은 이들은 이런 아량에 불편해할 것이다. 그들은 인권이 타협할 수 없는 근본적이며 보편적인 가치를 구현한다고 믿는다. 그렇지만 이것이 절대적으로 옳은가? 모든 사회는 각기 다른 방식으로 안보와 자유 사이에서 균형을 찾는다. 다양한 사회가 다양한 방식으로 균형을 맞추고 균형점을 옮기는 시기 역시 다르게 조정한다. 서구 여러 나라가 9 · 11테러 이후 외부 위협에 대한 인식을 바꾸면서 자유와 안보 간 균형점을 조정했다. 그리고 훗날 또다시 인식이 바뀌면 균형점도 달라질 것이다. 그럼에도 미국의 가치가 9 · 11테러 이후 바뀌었다고 진지하게 주장할 사람은 거의 없다. 어쩌면 인권존중에 대한 시각차는 여러 근본적인 가치들처럼 서로 다른 상황과 인식을 반영하는지도 모른다.

서구인에게는 중국과 같은 역사도, 중국이 처한 도전과제도 없다. 서방의 어느 누구도 현재 중국이 겪는 규모의 사회 · 경제적 전환을 감당해본 적이 없다. 중국 정부의 모든 것을 동의하거나 승인할 필요는 없다. 다만 중국이 서구식 규범에 따라 통치되면 국민 형편이 더 나아지고 안정되며 질서정연하게 성장하고 자유롭게 될 것이라고 가볍게 생각해서는 안 된다. 그리고 경이적인 경제성장 혜택을 국민에게 가져다준 것과 인권을 침해한다는 비판을 어디까지 비교해야 할까? 지난 30년간 중국 정부는 역사상 가장 짧은 시간 안에 최대 규모의 물질적 복리를 국민들에게 안겨줬다. 중국의 경제성장에 결점들도 있지만 불과 한 세대 만에 전면적이고 안전하며 부유한 생활을 수

많은 사람이 향유할 수 있도록 했다.

오바마 대통령이 "자유가 없는 번영은 단지 빈곤의 다른 형태"라고 말했을 때 그는 중국의 놀라운 성취에 그에 상응하는 도덕적 가치가 없다고 주장한 셈이다. 확실히 잘못된 시각이다. 결국 궁핍으로부터의 자유는 루스벨트 대통령의 네 가지 자유*중 하나였다. 그리고 개발원조(개발도상국의 경제·사회개발에 대한 원조)의 경우 물질적 행복의 도덕적 가치를 근본으로 한다. 오바마 대통령은 민간위원회의 역할이 정부보다 낮다는 의미로 정부를 폄하했을지 모르지만 중국보다 좀더 직접적으로 '빈곤 퇴치'를 성취한 정부는 세계 어디에도 없다. 그리고 공산당이 이런 성취에 일정선 기여했다는 사실도 부인할 수 없다. 경제적 성취가 중국의 인권 학대를 상쇄하지는 않더라도 중국이라는 나라에 대한 도덕적 판단 및 파트너로서 적합성 여부를 따지는 데 있어 일정 부분 설득력을 부여한다는 점은 부인할 수 없다.

최고의 가치

간단하게 말하자면, 아시아의 세기 시작을 앞두고 미국은 권력과 질서 사이에서 선택을 해야 할 상황과 맞닥뜨렸다. 아시아에서 미국

---

* 1941년 1월6일 프랭클린 루스벨트 대통령은 의회에 보낸 연두교서에서 '4가지 자유'란 "언론, 신앙, 궁핍, 공포로부터의 자유"를 언급했다.

은 우월적 지위가 수반되는 권력보다 질서와 평화를 더 원할까? 물론 이것은 미국 혼자 결정할 수 있는 문제가 아니다. 중국 역시 권력과 질서 사이에서 선택의 기로에 놓여 있다. 즉 중국은 아시아 지배를 추구해 필연적으로 이어질 무질서의 위험부담을 감수할 것인가, 아니면 안정적이고 평화적인 질서를 구축하기 위해 권력에 대한 자신의 열망을 억누를 것인가? 이 문제를 효과적으로 다루는 과정에서 두 나라는 똑같이 책임이 있다.

전략적·도덕적 의무감을 갖고 아시아에서 평화적 질서를 구축하기 위해 가능한 무엇이든 해야 한다. 대립이 발생할 경우 미국과 그 동맹국은 아시아를 지배하려는 중국의 비타협적 태도가 원인이라고 목소리를 높일 것이다. 원인이 분명해질수록 동맹은 더 굳건해지고, 미국은 중국에 대항하는 동맹을 구축하기 수월해진다. 앞서 살펴보았듯이 중국의 이웃들은 미국의 우월적 지위를 지지하기 위해서보다 중국의 지배를 막아내기 위해 훨씬 더 기꺼이 전쟁을 감수할 것이기 때문이다. 전쟁 시기 미국의 위대한 역사학자 새뮤얼 모리슨은 도덕적 가설을 완벽하게 설명했다.

그럼에도 불구하고, 조국의 완벽한 정당성이나 전쟁의 불가피성을 가정할 수 있는 역사학자는 없다. 역사학자들은 반드시 갈등을 방지할 더 현명한 정치력은 무엇이었을지, 적어도 갈등을 늦출 방도는 없었는지 자문해야 한다. 갈등은 세계에 많은 비극을 불러오고 조국에 예상치 못한 부담을

준다. 또한 미래의 문명을 어둠으로 이끈다.[32]

모리슨 교수가 역사학자에게 부여한 이 의무는 현재 결정을 내리거나 그 역할을 하는 사람에게 좀더 확고한 의무를 부여한다. 전쟁의 위험이 발생한다면 이를 최소화할 도덕적 의무가 그들에게는 있다. 이 말은 무슨 일이 있어도 전쟁을 피해야 한다는 뜻이 아니다. 20세기가 남긴 한 가지 분명한 교훈은 심지어 끔찍한 전쟁일지라도, 가끔은 더 끔찍한 결과를 막기 위해 싸워야 한다는 점이다. 그렇지만 20세기의 또 다른 분명한 교훈은 강대국 간 전쟁은 정말로 끔찍하며, 불가피한 이유가 있다고 해도 전쟁의 위험을 무릅쓰는 건 치명적인 실수라는 점이다.

20세기 초반 전쟁을 경험한 우리가 이 사실을 다시 상기하는 게 어쩌면 이상하게 보일 수도 있다. 1914년 이전 유럽인이 그랬듯이, 간간히 발생하는 소규모 분쟁 외에 오랫동안 평화가 유지되는 사이 우리는 대규모 전쟁의 공포를 인식하는 데 둔감해졌다. 우리가 중국에 대한 선택을 할 때 그 선택의 대가를 상기하는 것은 그래서 매우 중요하다.

결국 미국의 대중對中 선택은 지도자에게 달렸다. 그들은 중국의 부상과 이에 대응하는 각기 다른 미국의 대안이 무엇을 의미하는지, 각대안의 비용은 얼마인지, 그리고 무엇이 미국에 가장 좋은지 설명할 필요가 있다. 이런 것들은 분석하기 어려울 뿐더러 많은 사람들은 이 문제를 의제로 삼을 수 없을 것이라고 여긴다. 그런 태도로 일관한다면, 미국에게는 비극이 될 것이다. 그렇지만 나는 아주 비관적이지는 않다고 본다. 살펴봤듯이 키신저 전 국무장관과 힐러리 클린턴 전 국무장관 등 유력 정치인들은 현재 미국이 직면한 선택을 인식하고 이를 공개적으로 논의하려는 신호를 이미 보내고 있다. 이제는 그들의 주장을 좀더 심화할 필요가 있다.

THE CHINA CHOICE

가치의 중요성이 한 쪽의 주장에만 적용된다고 말하는 사람들은 평화 역시 중요한 가치라는 사실을 간과한다. 중국과 새로운 암묵적 이해를 구축함으로써 평화를 유지할 수 있는 가능성을 지금 우리가 외면하면 미래 세대들은 어떻게 생각할까? 그들은 우리의 선택을 도덕적이었다고 바라볼까?

CHAPTER 10

대통령의 연설

친애하는 미국인에게

40년 전, 내 전임자 중 한 명이 중국에 가서 세상을 바꿔놓았다. 그는 미국의 철천지 원수이자 세계에서 인구가 가장 많은 나라를 신중한 친구로 변화시켰다. 닉슨 대통령은 그렇게 해서 중국을 세계경제에 편입시켰다. 200년 전, 우리가 산업혁명으로 삶을 바꿨듯이 중국이 세계경제에 편입되면서 중국인은 자신들의 삶을 변화시키기 시작했다. 닉슨과 미국이 중국 경제 변화에 중요한 역할을 했듯, 이제 중국 경제는 미국에 엄청난 영향을 끼치며 세계를 바꾸고 있다.

내가 말하려는 게 바로 이러한 결과들이다. 우리는 그 결과를 이해하고 미국이 앞으로 어떻게 대응해야 할지 토론해야 한다. 오늘날 우리는 빠르게 성장하는 중국과 점점 더 복잡한 관계로 얽혀 있다. 그런 관계를 그때그때 문제별로 관리하는 것은 너무나도 당연하게 최우선 대외정책이 됐으며 여러 모로 엄청난 성과를 거두었다. 그러나 두 나라 관계를 올바르게 설정하고자 한다면 그리고 관계를 제대로 설정하는 것이 미국에 중요한 문제라면, 그날그날의 문제를 넘어 앞으로 중국과 구축하기를 원하는 관계로 시각을 넓힐 필요가 있다.

시각을 넓히기 위한 우리의 선택은 훗날 역사상 가장 어렵고 중요한 것으로 결론 날지도 모른다. 물론 선택은 힘들 수밖에 없다. 이 선택이 국가로서 우리 자신을 어떻게 바라보는가라는 질문으로 귀결되기 때문이다. 지금 우리의 선택은 미국이 평화롭게 살지 아니면 수십 년 혹은 몇 세대에 걸쳐 우리의 미래를 어둡게 할 수 있는 깊은 경쟁 관계의 수렁으로 빠지게 될지 결정적인 역할을 할 것이다.

지금까지 흐름을 보면 대안들이 사라져버리기 전에 우리는 조만간 힘든 결정을 해야 한다. 사실 일부 대안은 벌써 사라지기 시작했다. 현재의 정치지도자가 이런 힘든 선택을 모면할 수도 있겠지만, 만일 그렇게 한다면 우리 후손에게 아무런 선택권도 남지 않는 위험부담이 생긴다. 그리고 미국의 장래는 지금보다 더 가난하고 불안해질 것이다. 이는 옳지 않을 뿐더러 나는 그렇게 하지 않겠다.

중국의 부상

우리가 이해해야 할 진실이 있다. 몇 년 안에 중국 경제는 일부 분야에서 미국을 능가할 것이다. 그리고 수십 년 안에 중국은 틀림없이 모든 분야에서 미국을 앞서게 된다. 미국은 더 이상 세계 최대 경제권 국가가 아니다.

궁극적으로 이것은 숫자의 문제다. 미국 경제는 지난 130년간 세계 최대 규모를 자랑했다. 우리의 노동인구가 많고 생산성이 높았기 때문이다. 우리의 노동력은 세계 3위다. 중국에는 더 많은 노동자가 있지만 그들의 생산성은 다소 떨어진다. 그래서 중국 경제가 미국보다 작았던 것이다. 하지만 중국의 생산성은 지난 30년간 놀라울 정도로 향상됐다. 그들은 자신만의 산업혁명을 겪고 있다. 4배나 많은 노동력을 바탕으로 중국은 미국을 따라잡고 세계 최대 경제권이 되는데 미국의 4분의 1에 준하는 1인당 생산성만이 필요하다. 이런 일이 지금 벌어지고 있다. 이런 변화는 미국이 아닌 중국에서 일어나는 일이다. 미국은 언제나 그랬듯이 그 자체로 강력하며 탄력 있고 창조적인 상태다. 그렇지만 중국이 세계 최대의 노동력을 보유한 상황에서 미국이 최대 규모의 경제권을 유지한다는 건 중국 노동자가 미국인의 4분의 1에도 못 미치는 생산성을 보인다는 가정 아래서만 가능한 얘기다. 현실적으로 가능한 일이라고 보는가?

글쎄, 많은 사람들은 미국과 매우 다른 중국의 정치체제로 인해 중국인이 생산성을 높이지 못할 것이라고 믿었을지 모른다. 미국과 비슷한 시스템 하에서만 창조성으로 충만한 인력 운용이 가능하다고 굳건하게 믿었을 수 있다. 나도 그 믿음을 인정한다. 그럼에도 불구하고 우리는 중국 정부가, 많은 잘못에도 불구하고, 역사상 엄청난 물질적 풍요를 일구어낸 주역이었음을 인정할 수밖에 없다.

어쩌면 물질적 풍요가 오래 지속되지 않을 수도 있다. 중국 국민은 좀더 많은 정치적 자유와 참여를 지도부에게 요구할 것이다. 그렇지만 국민들의 그 같은 요구가(이것은 우리의 신조이기도 하다) 궁극적으로 경제성장을 늦출까? 만일 중국 국민이 정말로 민주주의의 길로 가는 선택을 한다면 (그리하여 혼란이 가라앉는다면) 경제는 약화되기보다 오히려 좀더 강화될 듯하다.

많은 미국인은 이처럼 거대하고 중요한 국제환경의 변화를 받아들이지 못하고 있다. 그들은 미국 경제가 단지 미국이기 때문에 세계 최대 경제권으로 영원히 남아 있을 것이라고 생각한다. 우리는 그런 자기 기만이 애국심으로 변질되는 것을 묵인해서는 안 된다. 미국은 기만이나 환상에 의해 만들어지지 않았다. 미국은 높은 이상과 사실에 기초한 실용적 이해를 겸비한 조상들이 건국했다. 미국의 미래를 튼실하게 다지기 위해 우리는 그들의 길을 따라가야 한다.

새로운 아시아

중국 경제가 성장하면 다른 차원의 권력 역시 커질 것이다. 우리는 이를 제대로 인식하고 포괄적으로 바라볼 필요가 있다. 중국은 아주 강력한 국가로 부상하지만 세계를 지배하지는 못할 것이다. 중국은 일본과 인도, 러시아, 유럽연합EU은 물론 미국과 같은 열강을 상대해야만 한다. 미국과 달리 중국은 해상, 심지어 서태평양에 군사력을 배치할 능력이 부족하다. 중국의 이해관계가 세계로 확장되더라도 그들은 동아시아에 집중할 것이다.

그러나 힘이 커지는 중국은 다시 강대국이 되기를, 또 그렇게 대접받기를 바란다고 나는 믿고 있다. 사실 중국에게 그러한 야심이 없다면 그것이 더 놀라운 일이다.

이는 중국인과 나머지 세계에 의구심을 불러일으킨다. 중국이 자신의 힘을 어떻게 사용할까? 중국은 거친 골목대장이 될까, 아니면 지역질서에 협조적인 파트너가 될까? 해답은 아직 불분명하다.

그렇지만 한 가지는 분명하다. 중국의 야심은 닉슨 대통령과 마오 주석이 만난 뒤 40년간 이 지역에 평화롭고 안정적이며 번영을 가져다 준 옛 질서와 공존할 수 없다는 사실이다. 이유는 간단하다. 지난 수십 년간 아시아 질서를 유지해온 근간은 단지 미국의 힘만이 아니었다. 그것은 필수였지만 다른 아시아 주요 국가의 태도도 있었다. 1972년 이후 미국이 담당해온 아시아 리더로서의 역할에 대해 다른 아시아 주요 국가들은 이의를 제기하지 않았다.

미국은 아시아에서 여러 지도국 중 하나가 아니라 유일한 지도국이었다. 그렇지만 현재 미국은 새로운 현실을 맞고 있다. 중국이 명백하게 아시아에서 미국의 우월적 지위와 이에 기초해 만들어진 지역질서에 이의를 제기하기 시작했다.

2012년 2월 14일, 버락 오바마 미국 대통령(오른쪽)이 백악관 대통령 집무실에서 시진핑 당시 국가 부주석(왼쪽)과 만나고 있다. 이로부터 정확히 13개월 뒤인 2013년 3월 14일, 제12차 전국인민대표대회에서 국가주석과 중국 공산당 중앙군사위원회 주석으로 선출된 시진핑은 취임 연설에서부터 중국의 꿈과 중화민족 부흥을 역설하며 조국의 새로운 미래상을 구체화하기 시작했다. 바로 이 두 사람이 어떤 선택을 하는가에 따라 아시아의 미래는 많이 달라질 듯하다.

　현재 미국이 직면한 선택은 리더십에 도전하는 중국에 어떻게 대응할 것인가이다. 내 생각에 세 가지 대안이 있어 보인다.

　첫 번째, 중국의 도전에도 불구하고 미국은 아시아에서 후퇴할 수 있다. 해외에서 리더십을 과중하게 짊어지는 것에 대한 비판의 목소리가 미국에는 늘 있었으며 앞으로도 그 목소리를 듣게 될 것이다. 그러나 오늘날 이에 맞서는 반론도 그 어느 때보다 강하게 나온다. 아시아에서 후퇴하는 것은 이 지역을 중국이 지배하거나 다른 아시아 열강이 파괴하도록 방치하는 셈이다. 이러한 상황은 미국의 안보와 경제를 위협할 게 뻔하다. 강력한 미국의 존재감 없이 평화롭고 번영된 아시아의 미래는 존재하지 않으며, 평화롭고 번영하는 아시아 없이 평화롭고 번영된 미국의 미래는 존재하지 않을 것이다.

두 번째, 미국의 우월성 유지를 목표로 중국이 이를 받아들이도록 강요하는 한편, 중국의 도전에 맞서 응징할 수 있다. 많은 사람에게 이는 자연스럽고 본능적인 반응이다. 그리고 중국이 힘으로 아시아를 지배하려 든다면 이런 반응은 올바를 수도 있다. 하지만 우리는 그 비용에 대해 어떤 착각도 해선 안 된다. 미국이 밀치더라도 중국은 쉽게 뒤로 물러서지 않을 것이다. 중국은 우리를 밀칠 것이며 우리 또한 그들을 밀어낼 것이다. 이런 식으로 가다보면 미국은 새롭고 위험한 경쟁 시기로 빠져들었음을 깨닫게 될 것이다.

중국은 소련이 아니다. 경제 상황이 좋은 중국은 훨씬 더 가공할 위력을 지녔다. 중국과 전략적 경쟁관계의 길로 접어드는 결정을 한다면 엄청난 위험부담과 비용을 감수해야 한다. 그 길은 핵으로 무장한 강대국과 실제로 전쟁을 치르게 되는 위험성을 안고 있다. 매우 심각한 위험부담이다. 미국은 이전에도 그러한 위험부담을 받아들인 적이 있다. 우리는 냉전 시기 소련이 평화와 안전에 위협을 가하고 그것이 다른 방법으로 해소될 수 없다고 믿었기 때문에 위험부담을 감수했다. 비슷한 위험에 처한다면 미국은 다시 그렇게 할 것이다. 그렇지만 위협이 명백하고 다른 대안이 없다는 것이 분명하지 않은 한, 핵전쟁 위험부담을 감수하는 것은 정당화될 수 없다. 현재 중국과의 관계는 당시와 다르다. 우리에게는 다른 선택지가 있다.

세 번째, 아시아에서 새로운 질서를 구축하기 위해 중국과 합의하는 것이다. 새로운 질서란 중국에게 좀더 큰 역할을 맡기되 아시아의 안보를 유지하는 데 있어 미국이 여전히 중요한 역할을 수행하는 것이다. 미국이 관여함으로써 중국의 힘을 견제하고 그 힘이 잘못 사용되는 것을 막도록 보장할 것이다. 우월적 지위에서 물러나 중국에게 더 큰 역할을 허용함으로써 미국의 핵심 이해관계를 유지하는 동시에 경쟁의 위험성을 피하는 협정을 추구할 것이다.

중국의 선택

이러한 협정의 본질은 매우 간단하다. 미·중 두 나라가 아시아에서 동등한 파트너로서, 지역 리더십과 권력을 분점하는 것이다. 상대의 모든 것에 동의한다는 의미가 아니라 양국의 의견 차이를 조심스럽게 관리하는 것을 말한다.

이 절충의 성공 여부는 미국만큼이나 중국에게 많은 부분 달려 있다. 중국은 많은 국민이 기대하고 바라는 것과 달리 아시아의 리더십을 자국이 독점할 수 없다는 사실을 받아들여야 할 것이다. 막대한 부와 힘에도 불구하고 미국이 만든 견제와 균형의 원리 대상이라는 사실을 인정해야만 한다. 중국 사람들은 이런 상황을 받아들이려 하지 않는다. 그들은 중국이 미국을 밀어내고 아시아 열강의 지위를 차지해야 한다고 주장할 것이다. 나는 그들에게 분명한 메시지를 보내고 싶다. 미국은 중국의 우월적 지위를 결코 받아들이지 않는다는 사실이다. 다른 아시아 이웃국가들 역시 중국의 우월적 지위를 받아들이지 않을 것이라고 나는 생각한다. 현재 또는 미래에 중국이 이웃국가에 무력이나 다른 형태의 압력, 협박으로 우월적 지위를 강제하려 든다면 미국은 그들이 중국에 저항하도록 이끌 것이다. 미국은 다른 지역에서 그래왔듯 아시아에서 자유롭고 개방된 국제질서를 옹호하는 데 얼마나 굳건할 수 있는지 과거에 보여준 바 있다. 미래에도 미국은 확고부동한 태도를 보일 것이다.

그렇지만 중국이 절충을 받아들인다면 미국은 유엔헌장에 명기된 대원칙에 입각해 아시아의 국제질서를 구축하고 유지하기 위해 공유된 리더십 속에서 다른 국가와 함께 중국을 동등한 파트너로 여겨 협력할 것이다.

중국이 동의할까? 중국 지도부가 현명하다면, 결코 많은 사람이 원하지는 않더라도, 미국과 리더십을 공유하는 것이 큰 진전이라는 사실을 깨달을 것이다. 나아가 그들은 더 얻으려는 시도가(미국을 아시아에서 밀어내고 유일한 리더십을 차지하는 것) 부질없으며, 자칫 그동안 이룬 모든 것과 중국의 미래에 걸린 모든 희망마저 위험에 빠뜨리는 행위임을 자각할 것이다.

미국의 선택

미국 역시 힘든 선택의 기로에 서 있다. 많은 이들은 미국과 미국인이 지닌 독특한 개성으로 미루어볼 때 중국을 동등하게 대하는 것은 도저히 수용하기 힘든 일이라고 말한다. 건국 이래 미국은 다른 나라와 자기 자신을 동등하게 바라본 적이 없다. 오히려 자신을 예외적인 존재로 여겼다. 이는 미국이 대외정책을 추진하는 데 깊은 딜레마에 빠지도록 만든다. 즉 국제사회에서 다른 나라와 동등하게 협력할 필요성과 미국만의 예외주의 감정을 어떻게 조화시킬 수 있을까? 그리고 지금 그대로의 모습으로 세계와 협력하면서 어떻게 미국만의 예외주의적 천성을 지켜나갈 수 있을까? 이것은 언제나 우리가 찾아온 해답으로, 세계와 현실적으로 절충하거나 더 넓은 인간성의 맥락에서 우리의 이해관계를 희생하는 것에 있었다.

그렇더라도 여전히 많은 이들은 지금 내가 중국과 절충하자고 제안한 것과 같은 방식으로 다른 나라와 동등하게 타협한 사례는 미국 역사상 단 한 번도 없다고 말할 것이다. 맞는 지적이지만 현재의 중국처럼 부유하며 앞으로 더 강력해질 잠재력을 지닌 나라를 만난 경험 역시 미국 역사상 한 번도 없다.

미국은 이제 다른 방식으로 세계와 타협을 해나가야 한다. 이는 미국이 변했기 때문이 아니라 세계가 달라졌기 때문이다.

많은 이들은 소련과는 이런 식으로 타협하지 않았다고 말할 것이다. 우리는 소련을 수용하는 데 맹렬히 반대했다. 소련의 영향력을 봉쇄하고 궁극적으로 정권이 붕괴하도록 전력을 다했다. 맞는 말이지만 소련을 봉쇄하기 전에 미국은 오늘 내가 제안한 것과 같은 협조적 국제질서 안에 소련을 끌어들이기 위해 총력을 기울였다.

2차 대전이 끝나갈 무렵 루스벨트 대통령은 소련과 다른 열강을 동등하게 대우하고 유엔을 통해 그들과 세계 리더십을 공유할 것을 제안했다. 소련이 그 제안을 거부한 후에야 냉전에 돌입하기 위해 필요한 조치를 가했다. 냉전이 얼마나 어렵고 위험한 길이었으며 자칫 상상할 수도 없는 재앙으로 끝났을 수도 있는 상황이었는지, 우리는 결코 잊지 말아야 한다.

많은 이들은 중국의 가치가 미국과 너무도 다르기 때문에 그들과 동등하게 거래할 수 없다고 말할 것이다. 이는 간과할 수 없는 차이로, 많은 방면에서 우리 주장의 핵심이기도 하다. 중국에서는 좋지 않은 많은 일이 일어난다. 중국 정부는 정치적 반대자를 억압하고 종교 자유를 부정하며 정부를 선택할 수 있는 국민의 권리를 박탈하는 정치체제를 영구화하고 있다. 나로서도 참으로 개탄스러운 일이다.

그렇지만 공정성 측면에서 볼 때 유익한 많은 일들이 중국에서 일어난다는 점을 인정해야 한다. 수많은 중국인은 자신들이 이뤄낸 경제성장으로 그들 부모가 꿈꿨던 것보다 훨씬 더 나은 삶을 살고 있다. 더 나은 집과 학교, 음식, 직업, 보건 서비스 등은 진정한 도덕적 가치를 지녔다. 이런 성과를 인정하지 않는 것은 정직하지 않다.

중국을 동등하게 대우한다는 것이 그곳에서 벌어지는 나쁜 일까지 외면해야 한다는 의미는 아니다. 다만 어떤 관계가 미국 국민에게 가장 좋은지, 어떤 것이 중국 국민에게 가장 좋은지, 어떤 선택이 다른 모두에게 좋은지 신중하게 고려해야 한다는 뜻이다. 중국과 미국의 미래에 대해 내리는 우리의 선택은 우리가 살아가야 할 세계에 진정한 결과물로 남을 것이다.

가치의 중요성이 한 쪽의 주장에만 적용된다고 말하는 사람들은 평화 역시 중요한 가치라는 사실을 간과한다. 중국과 새로운 암묵적 이해를 구축함으로써 평화를 유지할 수 있는 가능성을 지금 우리가 외면하면 미래 세대들은 어떻게 생각할까? 그들은 우리의 선택을 도덕적이었다고 바라볼까?

대외정책에 관한 중요한 결정은 결국 우리에 관한 것으로 귀결된다. 다른 사람과 관련된 문제를 우리가 어떻게 선택할지는 우리 자신을 어떻게 바라보느냐에 달려 있다. 아시아 리더십을 놓고 중국과 경쟁할지 아니면 거기서 새로운 질서를 구축하기 위해 중국과 협력할 방법을 추구할지를 놓고 고민할 때, 우리는 왜 리더십이 문제가 되는지 자문할 필요가 있다. 리더십의 부담을 감수하는 게 미국을 안전하게 번영시키는 가장 좋은 방법이기 때문인가? 그리고 이것이 아시아를 안전하게 번영시키는 데 도움이 되는가?

그렇지 않다면 우리는 리더십 자체를 목적으로 바라보는가? 현재 미국은 유일무이한 세계 초강대국으로서 인식될 수 있는 나라인가?

미국이 언제나 그랬던 것은 아니다. 한때 미국인은 리더십의 부담을 받아들였다. 그것이 미국의 안전과 세계 평화를 도모하는 유일한 방법이었기 때문이다. 그렇지만 그들은 머지않아 세계를 안정시키고 번영시키기 위해 다른 나라와 함께 동등한 파트너로서 협력하는 새로운 질서가 도래할 수 있다고 인식했다.

닉슨 대통령은 중국을 방문하기 직전에 그런 선견지명을 내비쳤다. 1972년 그는 시사주간지 〈타임〉과 가진 인터뷰에서 "강력하고 건강한 우리의 조국 미국이 유럽, 소련, 중국, 일본과 서로 견제와 균형을 이루어나간다면 세상이 좀더 안전하고 나아질 것이라고 나는 생각한다."라고 말했다.

그리고 빌 클린턴 대통령은 10년 전에 "미국에게는 두 가지 선택이 있다. 세계에서 영원히 승자로 남기 위해 전례가 없는 막대한 군사력과 경제력을 사용할 수 있다. 다른 하나로, 우리가 세계에서 더 이상 승자가 아닐 때에도 편안하게 살 수 있는 세계를 창조해나가는 데 힘을 사용할 수 있다."라고 말했다.

오늘날 우리는 그러한 선택의 순간에 직면했다. 나는 대부분의 국민이 과거 수 년간 미국의 정치체제는 가장 좋은 상태가 아니었다는 평가에 동의할 것이라고 생각한다. 정치인들이 험악하게 말을 할수록 가혹한 사실을 받아들여 힘든 결정을 내리기는 더욱 힘들어졌다. 어쩌면 그들은 미국이 여전히 매우 강해서 세계를 있는 그대로 바라볼 필요가 없다고 느낄지도 모른다. 그러나 이런 착각은 미국의 진정한 힘과 미덕에 반하는 역사적인 실수가 될 것이다. 미국은 이제 중국과 우리의 미래를 조심스러우면서도 냉정하고 책임감 있게 논쟁하는 나라여야 한다. 미국의 미래는 여기에 달려 있다.

신이시여, 미국을 축복하소서.

프랜시스 후쿠야마 스탠퍼드대 교수는 지난 6월 한 세미나에서 중국은 100년의 굴욕기를 거친 뒤 과거 왕조시대처럼 아시아에서 넘버원의 지위를 돌려받고 싶어한다고 주장했다. 그는 중국이 남중국해에서 베트남 등과 갈등을 벌이는 이유는 단순히 산호초 몇 개를 얻으려는 것이 아니라 미국과 일본을 향해 '중국이 돌아왔다'고 말하고 싶어하는 것이라고 해석했다.

최근 중국의 행보를 바라보면 후쿠야마 교수의 해석은 어느 정도 타당해 보인다. 1994년 처음으로 중국에 갔을 때 중국은 발전하고 있었지만 어딘가 부족해 보였다. 그렇지만 학생들과 만나 얘기하다 보면 애국주의를 바탕으로 한 끝없는 자부심이 느껴졌다. 이제 경제력까지 갖춘 중국의 자신감은 내가 1994년 느꼈던 것과는 비교조차 되지 않는다.

처음 이 책을 접한 것은 지난해 11월 〈파이낸셜 타임스〉가 선정한 올해의 책 목록에서다. 단순한 호기심에 책을 사서 읽어보고 간단한 영어 문장을 보며 번역을 해보자는 욕심을 냈다.

사실 미국과 중국 간의 관계에 깊은 관심을 갖고 있던 터라 내용은 어렵지 않게 술술 읽혔다. 번역을 시작하기로 마음먹고 한 장 한 장 읽어가는 도중에 미국과 중국은 마치 약속이나 한 듯 서로를 향해 비난의 수위를 높였다. 일방적인 방공식별 구역 선포가 있었고 일본과 센카쿠 열도를 둘러싼 충돌도 계속됐다

저자는 불안정한 아시아 지역의 안정과 번영을 위해 이제는 미국이 결단해야 할 시간이 다가오고 있다고 주장했다. 중국에 좀더 많은 활동 영역을 인정해주라는 것이다. 그렇게 될 경우 우리의 안보상황이나 외교 환경에도 많은 변화가 불가피할 수 있다. 향후 두 나라의 관계 설정은 두 나라가 결정할 문제다. 어떤 결정이 나든 한국은 자신의 국익에 맞도록 이를 이용해야 한다. 그래서 한 번쯤 한국인들이 이 책을 보고 생각해봤으면 한다.

번역 준비과정에서 이 책이 일본과 중국에서도 번역되고 있다는 사실을 알았다. 미국과 중국 간 관계 변화에 당사국이라 할 수 있는 중국과 일본 역시 관심이 많았던 모양이다.

전문적인 번역가가 아니다 보니 문장이 매끄럽지 않고 오역이 나올 수 있다. 그렇지만 최대한 원문을 직역해 원 저자의 뜻이 반영될 수 있도록 노력했다. 문장을 다듬는 과정에서 국민일보 입사 동기인 김지방 군과 한때 같이 일했지만 지금은 한겨레신문에서 일하고 있는 박유리 기자의 도움이 없었다면 이 책을 완성하지 못했을 것이다.

여기에 문장 해석을 놓고 한참 고민하고 번역에 애를 먹을 때 후배인 임세정 기자와 고교 동창이자 외국 거주 경험이 있는 강희준 원장도 내 짧은 영어 실력을 보완해주었다. 그밖에도 많은 동료와 친구들이 응원해줬다.

물론 아내를 비롯한 주변인의 격려가 없었다면 이 책은 만들어지지 않았을 것이다. 그녀에게 다시 한 번 감사하고 사랑한다는 말을 전하고 싶다.

겨울로 접어드는 너섬에서,

이제훈

1_ 중국의 경제성장과 미래 궤적에 대한 서적은 매우 많다. 미국과 중국과의 관계를 말끔하게 비교 정리해놓은 것은 〈이코노미스트〉 2011년 12월 31일자 'Economic Focus: How to Get a Date: The Year When the Chinese Economy Will Truly Eclipse America's is in Sight'에서 찾을 수 있다. 장기 전망과 관련해 다음의 자료도 참고가 될 수 있다. Willem Buiter and Ebrahim Rahbari, 'Global Growth Generators: Moving Beyond "Emerging Markets" and "BRIC,"' *Citibank Global Economics View*, 21 February 2011, https://ir.citi.com/wWU9p6kOZ2 tAOkgnnXB9YkhuHxQvvYN7dNazxQR26NPgMQR0rAmvPw%3D%3D.

2_ 버락 오바마, 'Remarks by the President in the State of the Union Address,' Washington DC, 24 January, 2012, http://www.whitehouse.gov/the-press-office/ 2012/01/24/remarks-president-state-union-address; '미트 롬니, 'Remarks on U.S. Foreign Policy,' speech at The Citadel, 7 October 2011, http://www.mittromney.com/blogs/mitts-view/2011/10/mitt-romney-delivers-remarks-us-foreign-policy.

3_ 여기는 미·중 관계에 대한 미국의 구체적인 참고문헌을 보여주는 곳은 아니다. 내 생각을 정리하는 데 참고한 미국 저자가 많긴 하지만 아래 사람들을 언급하겠다. Andrew Bacevich, Ernest Bower, James Fallows, Aaron Friedberg, Bates Gill, Bonnie Glasser, Brad Glosserman, Michael Green, Nina Hachigian, Robert Kaplan, Charles Kapuchan, Paul Kennedy, Henry Kissinger, Christopher Layne, Ken Leiberthal, Walter Russell Mead, Thomas Mahnken, John Mearsheimer, Evan Medeiros, Joseph Nye, Jonathan Pollack, Barry Posen, J. Stapleton Roy, David Shambaugh, Michael Swaine, Daniel Twining, Stephen Walt, Toshi Yoshihara and Fareed Zakaria.

4_ 버락 오바마, 'Remarks by President Obama to the Australian Parliament,'

Canberra, 17 November 2011, http://www.whitehouse.gov/the−press−
office/2011/11/17/remarks−president−obama−australian−parliament.

5_ 폴 케네디, 'A Time to Appease,' *The National Interest*, July−August 2010,
http://nationalinterest.org/article/a−time−to−appease−3539; 헨리 키신저,
'The Future of U.S..Chinese Relations: Conflict is a Choice, Not a Necessity,'
Foreign Affairs, March−April 2012, http://www.foreignaffairs.com/
articles/137245/henry−a−kissinger/the−future−of−us−chinese−relations.

6_ 헨리 키신저, *On China*, UK and US: Penguin, 2011.

7_ 힐러리 R. 클린턴, 'Remarks at the U.S. Institute of Peace China Conference,'
US Institute of Peace, Washington DC, 7 March 2012, http://www.state.gov/
secretary/rm/2012/03/185402.htm.

8_ 리처드 M. 닉슨, 'Asia after Viet Nam,' *Foreign Affairs*, Vol. 46, No. 1,
October 1967, p. 111.

9_ World Bank, China 2030: *Building a Modern, Harmonious and Creative
High−Income Society*, Development Research Center of the State Council,
the People's Republic of China, http://www.worldbank.org/content/dam/
Worldbank/document/China−2030−complete.pdf.

10_ 'Economic Focus: How to Get a Date,' 〈이코노미스트〉.

11_ Organisation for Economic Co−operation and Development statistics, http://
stats.oecd.org/Index.aspx?datasetcode=SNA_TABLE1.

12_ 존 미어샤이머, *The Tragedy of Great Power Politics*, New York: Norton,
2001; Niall Ferguson, *Empire: The Rise and Demise of the British World
Order and the Lessons for Global Power*, New York: Basic Books, 2003.

13_ Richard B. Strassler (ed.), *The Landmark Thucydides*, New York: Touchstone
Books, 1998, p. 16.

14_ Toshi Yoshihara & James R. Holmes, *Red Star over the Pacific: China's Rise
and the Challenge to U.S. Maritime Strategy*, Annapolis, MD: Naval Institute
Press, 2010.

15_ David A. Shlapak, David T. Orletsky, Toy I. Reid, Murray Scot Tanner &

Barry Wilson, *A Question of Balance: Political Context and Military Aspects of the China-Taiwan Dispute*, Santa Monica, CA: RAND Corporation, National Security Research Division, 2009, http://www.rand.org/pubs/monographs/MG888.

16_ 스톡홀름 국제평화연구소, SIPRI Yearbook 2011: *Armaments, Disarmament and International Security*, www.sipri.org/yearbook/2011/files/SIPRIYB11summary.pdf.

17_ 줄리안 코르벳, *Some Principles of Maritime Strategy*, London: Longmans, Green, 1911.

18_ 노턴 A 슈워츠, USAF & 조너선 W 그리너트, USN, 'Air-Sea Battle : Promoting Stability in an Era of Uncertainty,' *The American Interest*, 2012년 2월 20일, http://www.the-american-interest.com/article.cfm?piece=1212; Department of Defence. 'Joint Operational Access Concept,'Version 1.0, 2012년 1월17일, http://www.defence.org/pubs/pdfs/JOAC_Jan%202012_Signed. pdf

19_ 휴 화이트, 'Stopping a Nuclear Arms Race between America and China,' *Lowy Institute Policy Brief*, Lowy Institute for International Policy, Sydney, 17 August 2007, p. 18, http://lowyinstitute.cachefly.net/files/pubfiles/White%2C_Stopping_a_nuclear_arms_race.pdf; 휴 화이트, 'Nuclear Weapons and American Strategy in the Age of Obama,' Lowy Institute Analysis, 21 September 2010, http://lowyinstitute.cachefly.net/files/pubfiles/White%2C_Nuclear_weapons_web.pdf.

20_ 이런 관점은 2002년부터 2005년까지 부시 행정부의 부통령 안보담당 보좌관을 지낸 애런 프리드버그(Aaron Friedberg) 프린스턴대 국제정치학과 교수가 다음 저서에서 발전시켰다. *A Contest for Supremacy: China, America, and the Struggle for Mastery in Asia*, New York: Norton, 2011.

21_ 크리스토퍼 레인, 'From Preponderance to Offshore Balancing: America's Future Grand Strategy,' *International Security*, Vol. 22, No. 1, Summer 1997, pp. 86.124, http://www.jstor.org/stable/2539331.

22_ 미 국방부, 'Sustaining U.S. Global Leadership: Priorities for 21st Century Defense,' January 2012, http://www.defense.gov/news/Defense_Strategic_Guidance.pdf.

23_ 칼라일 세이어, 'The United States and Chinese Assertiveness in the South China Sea,' *Security Challenges*, Vol. 6, No. 2, Winter 2010, pp. 69.84, http://www.securitychallenges.org.au/ArticlePDFs/vol6no2Thayer.pdf. 대만 문제에 대한 미국과 중국의 충돌에 대한 흥미로운 분석을 보려면 다음을 참고해라. 리처드 C 부시 & 마이클 오핸런, *A War Like No Other: The Truth About China's Challenge to America*, Hoboken, NJ: Wiley, 2007.

24_ 잔 모리스, *Fisher's Face*, London: Penguin, 1996.

25_ 에드워드 기번, *The Decline and Fall of the Roman Empire*, *Everyman's Library*, 1910, Vol. 6, p. 482.

26_ 존 미어샤이머, *The Tragedy of Great Power Politics*.

27_ 유럽협조제체는 그동안 광범위하게 연구됐다. 그리고 이를 아시아에 적용할지에 대한 것을 놓고 많은 학자들이 연구주제로 삼았다. 대표적인 것이 에블린 고 호주 국립대교수, 'The US-China Relationship and the Asia-Pacific Security:Negotiating Change,' *Asian Security*, Vol 1, No.3, 2005,pp.216-44 ; 아미타프 아차르야 아메리칸대 교수, *A Concert of Asia?*, Survival, Vol.41, No.3, 가을 1999,pp.84-101 ; 리처드 K, 베츠 컬럼비아대 교수, 'Wealth, Power and Instability: East Asia and the United States after the Cold War,' *International Security*, Vol.28, No.3 겨울 1993-94,pp.34-77 ; 더글러스 스튜어트, 'Towards Concert in Asia,' *Asian Survey*, Vol.37, No.3, 3월 1997, pp.229-44.

28_ 헨리 키신저, *Diplomacy*, New York: Simon & Schuster, 1994, p. 21.

29_ 버락 오바마, 'Remarks by President Obama to the Australian Parliament.'

30_ 헨리 키신저, *On China*.

31_ 애런 프리드버그, *A Contest for Supremacy*.

32_ 로버트 게이츠, *From the Shadows: The Ultimate Insider's Story of Five Presidents and How They Won the Cold War*, New York: Touchstone

Books, 1997, Chapter 14 ('1983: The Most Dangerous Year').

33_ 새뮤얼 모리슨, *History of US Naval Operations in World War Two: The Rising Sun in the Pacific, Volume III: 1931.April 1942*, Boston: Little, Brown and Company, 1950, p. 3.

중국을 선택하라

첫판 1쇄 펴낸날 2014년 11월 25일

지은이 | 휴 화이트
옮긴이 | 이제훈
펴낸이 | 지평님
본문 조판 | 성인기획 (010)2569-9616
종이 공급 | 화인페이퍼 (02)338-2074
인쇄 | 중앙P&L (031)904-3600
제본 | 서정바인텍 (031)942-6006

펴낸곳 | 황소자리 출판사
출판등록 | 2003년 7월 4일 제2003-123호
주소 | 서울시 영등포구 양평로 21길 26 선유도역 1차 IS비즈타워 706호 (150-105)
대표전화 | (02)720-7542   팩시밀리 | (02)723-5467
E-mail | candide1968@hanmail.net

ⓒ 황소자리, 2014

ISBN 979-11-85093-11-6 03340